KB162764

# 왜
## 숙종은
### 장희빈에게
#### 사약을 내렸을까?

교과서 속 역사 이야기, 법정에 서다

36
역사공화국
한국사법정

왜

장희빈 vs 숙종

숙종은
장희빈에게
사약을 내렸을까?

글 이한우 | 그림 안희숙

|주|자음과모음

여러분은 장희빈과 숙종이 어떤 인물이라고 생각하나요? 혹시 장희빈을 숙종 임금을 홀린 악독한 여인으로, 숙종을 여인 손에 놀아난 유약한 임금으로 알고 있지는 않나요? 사실 조선 왕실의 공식적인 역사서인 『조선왕조실록』에는 그런 근거가 될 만한 내용이 없습니다. 숙종이 장희빈을 죽인 것도 악녀나 요부라는 이유가 아니었고요. 장희빈에게 덧씌워진 요부의 이미지는 장희빈의 반대 세력이었던 노론이 권력을 장악하면서 일관되게 그런 그림을 전파해 왔기 때문입니다. 그렇다면 숙종 임금과 장희빈의 진짜 얼굴은 어떤 것일까요? 이 책은 숙종 임금과 장희빈, 그 시대적 상황에 대해 좀 더 자세히 살펴보기 위해서 재판 형식을 빌리고 있습니다.

숙종이 어떤 임금이었는지 조금 살펴볼까요? 그는 조선 왕실에서는 드물게 태어날 때부터 앞날의 임금으로 정해져 있었습니다. 의외로 조선 임금 27명 중에서는 원자였다가 정상적인 세자 교육을 받은 다음 무사히 임금의 자리에 오른 이가 얼마 되지 않거든요. 태조, 정종, 태종 모두 조선 왕실은커녕 고려 때 태어난 사람이지요. 세종이 태어날 때는 위로 형이 두 명이나 있었고 아버지도 왕이 아니었습니다. 문종 또한 아버지 세종이 왕이 될 가능성이 없을 때 태어났지요. 단종이 세자의 아들로 태어났으니 그나마 원손에서 시작해 잠깐이나마 왕위에 오른 첫 임금입니다. 성종의 아들 연산군, 중종의 아들 인종 정도가 그와 비슷하고 나머지는 대부분 정쟁의 와중에 왕위에 오른 사람들입니다. 그러니 숙종은 '마침내' 날 때부터 임금인 인물이었지요.

임금으로서의 자각이 뚜렷했던 숙종은 강한 왕권을 기반으로 백성의 삶을 구제하려고 했습니다. 그가 즉위할 무렵 조선은 온갖 어려움이 겹쳐 있었습니다. 병자호란의 후유증이 그대로 남아 있었고 백성들은 농사지을 땅을 구하지 못해 이곳저곳 떠돌아다니며 거지가 되거나 산적이 되었지요. 결국 숙종은 자신의 권위에 도전하는 당파, 특히 서인과의 전면전을 결심합니다. 국론이 통일되지 않고 당파의 지도자들에게 휘둘리는 한, 국가의 기강을 바로잡을 수 없다고 판단한 것이지요.

숙종이 왕위에 오른 초기에는 남인들에게 힘을 실어 주었습니다. 그러나 남인들의 능력 부족과 서인들의 반격으로 정권은 남인에서 서인으로 넘어가지요. 숙종은 이 과정에서 왕권이 약화되는 것을 직접 목격합니다. 여기에서 장희빈이 등장합니다. 숙종은 남인들의 지지를 받던 장희빈을 이용해 서인을 몰아내려 했습니다. 마침 장희빈이 숙종의 첫아들까지 낳았으니 이 과정은 순조로웠습니다. 장희빈의 아들을 원자로 책봉한 것이지요. 서인들이 반발했지만 숙종의 뜻은 단호했습니다. 숙종은 강한 결단력으로 당파 사이의 정권 교체를 단행했고, 결국 다시 남인 정권이 들어서게 됩니다. 하지만 두 번째 남인 정권 역시 능력 부족과 미숙한 정치력으로 숙종의 불신을 사게 되고, 노론이 다시 권력을 장악합니다. 이 과정에서 장희빈은 정치적으로 희생당하고 말았지요. 이렇게 보면 숙종이 장희빈에게 휘둘렸다기보다, 오히려 숙종의 권력투쟁에 장희빈이라는 한 여인이 희생당한 것으로 보이지 않나요?

이 책을 통해 여러분도 숙종과 장희빈이라는 역사 속 인물에 대해 다시 한 번 평가하고, 생각해 보시기 바랍니다.


이한우

**차례**

책머리에 | 5
교과서에는 | 10
연표 | 12
등장인물 | 14
프롤로그 | 18
미리 알아두기 | 24
소장 | 26


**재판 첫째 날 장희빈은 왜 중전에서 쫓겨났는가?**

1. 장희빈은 어떻게 중전이 되었을까? | 30
2. 장희빈은 악녀였을까? | 42
3. 숙종의 생각은 어땠을까? | 49
열려라, 지식 창고_숙종의 환국 정치 | 61
휴정 인터뷰 | 63

## 재판 둘째 날 장희빈은 인현 왕후를 저주했을까?

1. 장희빈과 인현 왕후의 진실 공방 | 68
2. 최숙빈이 장희빈을 밀고한 이유는? | 82
열려라, 지식 창고_「인현 왕후전」이란? | 91
휴정 인터뷰 | 93
역사 유물 돋보기_왕실의 물건 | 96


## 재판 셋째 날 숙종은 장희빈을 죽여야만 했을까?

1. 장희빈이 당파 싸움을 부추겼을까? | 102
2. 숙종, 세자를 보호하다 | 114
열려라, 지식 창고_김만중의 『사씨남정기』 | 125
휴정 인터뷰 | 127


최후 진술 | 130
판결문 | 134
에필로그 | 136
떠나자, 체험 탐방! | 140
한 걸음 더! 역사 논술 | 142
찾아보기 | 146

몇 차례의 환국을 거치면서 남인은 중앙
정계에서 밀려났고 권력을 장악한 서인
은 노론과 소론으로 나뉘어 대립하였다.
숙종은 극심해지는 붕당의 대립을 조정
하기 위해 탕평책을 들고 왔으나 제대로
실시뇌시는 못하였다.

중학교　　　　역사

VI. 조선 사회의 변동
　1. 조선 후기 정치 운영의 변화
　　(1) 붕당 정치의 전개와 정치 제도의 변화

붕당 간의 경쟁이 치열해지면서 붕당 정치는 점차 변
질되어 갔다. 현종 때에는 왕실의 의례인 상복 입는
기간을 둘러싸고 서인과 남인 사이의 논쟁이 일어나
기도 했다. 그뿐만 아니라 숙종 때에는 왕이 의도적으
로 집권 붕당을 급격하게 바꾸는 환국이 자주 일어났
다. 이 과정에서 하나의 붕당이 모든 권력을 차지하는
현상이 나타났다. 권력을 차지한 붕당에서는 상대 붕
당에게 철저하게 보복하는 일이 비일비재하였다.

숙종 때는 서인과 남인이 번갈아 집권하면서 상대방에 대한 탄압과 보복이 반복되었다. 이러한 과정을 겪으면서 공존의 원리가 무너지고 공론이 당파의 이익을 대변하기에 이른다. 결국 특정 붕당이 권력을 독점하게 된다.

고등학교

한국사

III. 조선 사회의 변화와 서양 열강의 침략적 접근
2. 조선에서도 근대의 기운이 움트다
　(1) 영·정조, 탕평책을 통해 정국을 주도하다

| 1674년 | 숙종 즉위 |
| 1678년 | 상평통보 재주조 |
| 1680년 | 인경 왕후 사망<br>경신환국(서인 집권) |
| 1681년 | 인현 왕후 책봉 |
| 1683년 | 명성 왕후 사망 |
| 1686년 | 장씨 재입궁 |
| 1688년 | 왕자 윤(경종) 탄생 |
| 1689년 | 윤을 원자로 정함<br>장씨는 희빈으로 승격 이어 왕비 책봉<br>인현 왕후 폐위<br>기사환국(남인 집권) |
| 1694년 | 인현 왕후의 환궁, 장희빈의 폐위<br>갑술환국(서인 집권)<br>왕자 금(영조) 탄생 |
| 1701년 | 인현 왕후, 장희빈 사망 |
| 1708년 | 대동법, 전국 확대 시행 |
| 1712년 | 백두산 정계비 건립 |
| 1720년 | 경종 즉위 |
| 1722년 | 장희빈 '옥산부 대빈'으로 추존 |
| 1725년 | 탕평책 실시 |

敬以直內
義以方外

**1688년**     명예혁명

**1689년**     영국, '권리 장전' 발표

**1700년**     제정 러시아, 북방 전쟁(~1721년)

**1701년**     에스파냐 왕위 계승 전쟁(~1714년)

**1740년**     오스트리아 왕위 계승 전쟁(~1748년)

원고 **원고 장희빈(미상~1701년)**

숙종의 후궁 장희빈입니다. 왕자를 낳아 세자에 봉해지자 희빈이 되었지요. 어려운 가정에서 힘겹게 자랐으나 각고의 노력으로 중전까지 올랐습니다. 하지만 당쟁의 희생물이 되어 목숨을 잃어야 했지요. 이런 내가 악녀라는 낙인까지 찍혀야 한다니요. 절대 받아들일 수 없습니다.

원고 측 변호사 **김딴지**

잘못된 역사를 바로잡는 곳이라면 어디든 달려가는 김딴지 변호사입니다. 항상 기존의 역사 해석을 의심하고 새로운 시각에서 바라보기 위해 노력하지요. 이번에도 원고의 억울함을 풀기 위해 최선의 노력을 다할 것입니다.

원고 측 증인 **남구만**

나는 조선 후기의 문신으로 당파는 서인이었습니다. 장희빈은 죽어야 할 만한 죄를 지은 적이 없습니다. 늦었지만 지금이라도 그분의 억울함을 밝히는 데 기여하려 합니다.

원고 측 증인 **신역사(가상의 인물)**

나는 역사를 연구하는 학자입니다. 역사적으로 잘못 알려진 사실이 있다면, 후대에라도 바로잡아야겠지요. 장희빈에 대한 여러 뜬소문도 마찬가지입니다. 내 연구가 이번 재판에 도움이 되기를 바랍니다.

원고 측 증인 **최숙빈**

나는 숙종의 후궁이자 영조의 어머니입니다. 무수리로 궁궐에 들어와 인현 왕후를 섬겼고, 그분의 폐출 후 숙종의 승은을 입어 연잉군(영조)을 낳았지요. 이후 정일품 숙빈에 봉해졌습니다. 나는 숙종 임금과 인현 왕후를 지극 정성으로 모셨지요. 그런 정성이 있었기 때문에 내 아들이 훗날 조선의 임금이 될 수 있었습니다.

**피고 숙종(1661년~1720년, 재위 기간 : 1674년~1720년)**

나는 조선 제19대 임금 숙종입니다. 희빈을 생각하면 가슴이 벌써 먹먹해집니다. 내가 몹쓸 짓을 했지요. 그러나 나는 일개 필부가 아니라 나라의 운명을 생각해야 하는 군주의 자리에 있었습니다. 그때 내가 당쟁을 제압하지 않았으면 영조나 정조의 중흥 시대가 오지 못했을 것입니다.

**피고 측 변호사 이대로**

나는 역사공화국의 명변호사 이대로입니다. 역사적 진실은 함부로 바꿀 수 없습니다. 지금의 평가는 임의로 만들어진 것이 아니라 오랜 기간을 통해 검증된 것입니다. 이번 사건 또한 한 치도 수정할 수 없도록 최대한 방어에 주력할 것입니다.

피고 측 증인 **인현 왕후**

숙종의 계비인 인현 왕후입니다. 나는 장희빈에 대해서 복잡한 심정을 갖고 있습니다. 둘 다 권력 투쟁의 희생양이었지만, 연적이기도 하니까요. 다만 나는 죽은 뒤 무척 후하게 평가받았지요. 이런 생각 그대로 법정에서 증언할 것입니다.

피고 측 증인 **김만중**

조선 시대의 문신이자 소설가로 서인의 핵심 세력이었습니다. 장희빈은 자신이 왕의 사랑을 받는 것을 이용해 남인에게 유리한 정국을 이끌려고 했습니다. 나는 숙종이 인현 왕후를 폐위시키고 장희빈을 중전으로 앉힌 것을 반대하였고, 이를 빗대어 『사씨남정기』를 썼습니다.

판사 **정역사**

나는 정역사 판사입니다. 오랫동안 역사공화국에서 벌어진 재판의 판결을 해 왔고, 역사적으로 정당한 판결을 내리기 위해 노력했지요. 이번 재판에서는 또 한 번 역사를 바로세울 수 있도록 최선을 다하겠습니다.

**프롤로그**

# "마마, 이제 악녀니 요부니 하는
# 이야기에서 벗어나셔야지요!"

대부분 역사공화국 사람들이 이곳으로 오기 전의 갈등은 풀고 사이좋게 지낸다. 하지만 조선 시대 당쟁으로 인해 대립했던 집단은 달랐다. 그중에서도 서인과 남인이 유독 심각했다. 서로 말도 하지 않고 근처에도 가지 않았다. 길에서 마주쳐도 외면했다. 서로가 죽고 죽이는 싸움을 대에 걸쳐 계속했으니, 쉽게 용서할 수 없었던 것이다. 숙종 때 정승을 지낸 소론의 거두 남구만은 이런 상황이 불편하기 짝이 없었다.

'이제 모든 일을 내려놓고 쉬고 싶구나. 서로 화해할 좋은 방법이 없을까?'

하지만 혹시라도 친구들에게 말을 꺼내면 오히려 그에게 화를 냈다.

"이보게, 이제 남인과 서인도 화해를 할 때가 되지 않았나?"

"예끼 이 사람, 내 할아버지를 죽음으로 몰고, 아버지를 유배 보낸 사람들과 화해하란 말인가?"

남구만의 고민은 깊어졌다. 그래서 어느 날 남인인 이현일에게 이런 이야기를 꺼냈다.

"왜 우리만 이렇게 죽어서까지 마음 편히 지내지 못하고, 얼굴을 붉혀야 하나?"

그런데 속 깊은 친구 이현일이 이런 대답을 하는 게 아닌가?

"이보게, 난 늘 죄를 지은 기분이라네."

"그게 무슨 말인가? 자네가 무슨 죄를 지었다는 건가?"

"생각해 보게. 희빈 마마께서 지금도 후손들에게마저 요부니 악녀니 하며 놀림감이 되고 있지 않은가?"

"아, 또 그 이야기로군."

남인들은 지금도 장희빈을 중전으로 받들고 있었다. 서인들 중에서도 일부 장희빈을 동정하는 소론들이 있었다. 어쨌든 이현일은 무척 진지했다.

"내 마마님의 한을 풀어드리지 않고서는 하루하루가 고통이라네. 무슨 좋은 방법이 없겠나?"

"나도 그분을 생각하면 죄송하기 그지없네. 그때 내가 목숨을 걸고 말렸지만 숙종 임금의 뜻이 좀 강하셨는가? 실은 지금이라도 뭔가 그분을 위해 할 수 있는 일이 있다면 좋겠네."

그때 남구만에게 퍼뜩 좋은 생각이 떠올랐다.

"희빈 마마의 명예를 찾아 드리세! 그러면 남인과 서인, 노론과 소론의 긴장도 느슨해지겠군!"

이현일이 무슨 말인가 싶어 바라보자 남구만이 말을 이었다.

"요즘 역사공화국 법정이 한창이라네. 그곳에서 조선 왕조 5백 년 동안 역적으로 몰렸던 정도전도 명예를 회복했다지 않은가? 광해군도 마찬가지고! 물론 연산군은 폭군의 오명을 못 벗었지만……. 그래도 재판 이후에 동정하는 여론이 높아졌다고 하지 않는가? 우리 이 문제를 역사공화국 법정으로 가져가 보면 어떻겠는가?"

"그것 좋은 생각이군! 알겠네, 내 당장 마마님께 말씀을 올려 보겠네."

이현일은 신이 나서 장희빈의 집으로 달려갔다.


장희빈은 작은 집에서 오빠 장희재와 조용히 살고 있었다. 아름다운 모습은 여전했지만 눈의 생기는 빠져나간 듯했다. 평생을 사랑했던 남자에게서 버림받았으니 오죽하랴 싶어, 이현일은 더욱 가슴이 아팠다.

"마마, 이제 악녀니 요부니 하는 이야기에서 벗어나셔야지요."

이현일이 소송에 관해 운을 떼우자, 장희재가 먼저 '좋은 생각'이라고 맞장구를 쳤다. 하지만 장희빈은 소극적인 모습이었다. 너무 많은 나쁜 일이 겹쳤고 결국 죽음에까지 이르렀으니 그럴 만도 했다.

"마음은 고맙네만, 소송한다고 해서 크게 무엇이 달라지겠나."

장희재가 나서서 동생을 설득했다.

"나는 네가 풀 죽은 모습을 보고 싶지 않다. 나 때문인 것 같아서 말이야."

이현일도 거들었다.

"마마, 이곳에서는 마음 편안히 사셔야지요."

이현일과 장희재의 설득이 계속되자 마침내 장희빈이 말했다.

"이렇게 해서라도 숙종 임금의 얼굴을 한 번 더 뵙는다면 나쁘지는 않겠지. 도대체 왜 나를 숙일 수밖에 없었는지, 그분의 진짜 속내도 궁금했다네. 그렇게들 하게나."

이렇게 해서 역사공화국 한국사법정에서는 장희빈과 숙종의 재판이 열리게 됐다.

# 당쟁과 환국, 그리고 숙종

조선 후기의 역사를 말하는 데 빠질 수 없는 것이 바로 당쟁이에요. 정치적 견해를 달리하는 붕당 간의 대립을 일컬어 당쟁이라고 하는데, 당쟁은 여러 의견들이 대립을 이루고 또 좋은 방향을 찾아갈 수 있도록 하는 좋은 기능과 함께 편을 갈라 싸울 수밖에 없는 나쁜 점이 있었지요.

조선 제19대 왕인 숙종 때는 이러한 당쟁이 극에 달했지요. 숙종은 인경 왕후, 인현 왕후, 인원 왕후의 세 왕비를 두었지만 이들에게서 왕자를 얻지 못했고, 희빈 장씨와 숙빈 최씨에게 각각 왕자를 얻게 됩니다. 이 두 아들이 각각 후에 경종과 영조가 되지요.

이렇게 복잡한 상황이 당쟁과 어우러지면서 숙종 때에 '세 차례의 환국'이라는 결과를 빚게 됩니다. 환국은 집권하는 당파가 급격하게 바뀌는 것을 말합니다. 숙종 대의 환국 중 가장 첫 번째는 '경신환국'으로 남인이 쫓겨서 나가고 서인이 등용된 사건입니다. 숙종은 서인의 큰 어른인 송시열을 불러 크게 대접을 하고, 별세한 왕비 대신 서인 가문 출신을 왕비로 맞이합니다. 이 인물이 바로 인현 왕후이지요.

이후 후사가 없던 숙종은 소의 장씨(뒤에 장희빈)에게서 왕자를 얻게 되는데, 숙종은 왕자를 원자로 삼고 장씨를 희빈에 봉합니다. 장희빈은 남인에 가까웠기 때문에 당연히 서인은 강력히 반대를 하게 되지요. 결국 송시열은 관직에서 물러났고 주요 관직은 남인으로 교체됩니다. 이것이 바로 '기사환국'이지요.

뒤이어 일어나는 '갑술환국' 역시 궁궐의 중요한 변화와 관련이 있습니다. 숙종 19년인 1693년에 숙원 최씨(뒤에 최숙빈)가 총애를 받게 되자 입지가 좁아진 남인이 숙원 최씨를 독살하려고 하고, 이 일로 남인은 관직에서 쫓겨나거나 처벌을 받게 됩니다. 이렇게 숙종 대에는 크고 작은 당쟁과 그 당쟁을 뒤엎을 정도로 큰 환국이 여러 차례 반복되지요.

숙종의 글씨

| 원고 | 장희빈 | 대리인 | 김딴지 변호사 |
| 피고 | 숙종 | 대리인 | 이대로 변호사 |

---

## 청구 내용

나는 조선 제19대 임금인 숙종의 후궁으로 중전의 자리에까지 올랐던 장희빈입니다. 효종 때부터 외아들로 명맥을 이어 오던 왕실에 들어가 아들 둘을 낳았고, 사실상 끊어지려던 조선의 왕통을 이어 주었습니다. 아들 중 한 명은 제20대 임금인 경종이 되었고요. 하지만 숙종은 그런 나를 당쟁을 뿌리 뽑기 위한 싸움에 철저히 이용했습니다. 서인을 몰아내려고 나를 후궁에서 왕비로 만들더니, 다시 서인을 불러들이려고 후궁으로 떨어뜨렸습니다. 마지막에는 결국 사약을 내려 나를 죽이고 말았지요. 그 과정에서 나는 엄청난 정신적인 충격을 받았고, 그때 숙종이 보여 준 무자비함을 잊을 수가 없습니다.

나는 부귀영화를 위해 중전의 자리를 악용하거나, 권력을 행사하려 한 것이 아닙니다. 그저 아녀자로서 사랑을 받으려 한 것이 전부입니다. 물론 오빠 장희재가 문제를 일으켰지만 그런 일이 있을 때마다 누구보다 앞장서서 말린 사람이 바로 나입니다. 그런데도 죽은 뒤 나에게는 가혹한 평가가 뒤따랐습니다. 아들인 경종이 오래 왕위에 머물러 국가를 안정시켰다면 나의 명예도 회복되었을지 모릅니다. 그런데 유감스럽게도 4년밖에 머무르지 못했고, 서른일곱 살의 나이로 세상을 뜨고 말았지요. 이후 영조를 지지하던 노론의 세상이 열렸습니다. 그 시기가 50년이 넘었지요. 그때 만들어진 나에 대한 온갖 험담은 지금까지 이어져 내려오고 있습니다. 따라서 나는 나에게 요부나 악녀라는 오명을 덮어씌운 사람들에 대해 정당한 손해배상을 청구함과 동시에, 부인마저 정치적으로 이용한 숙종 임금에게 공식적인 사과와 폐비 조치 무효화를 요구합니다.

## 입증 자료

- 중학교 역사 교과서
- 고등학교 한국사 교과서
  그 외 자료 추후 제출하겠음.

위 청구인 장희빈
역사공화국 한국사법정 귀중

# 장희빈은 왜 중전에서 쫓겨났는가?

1. 장희빈은 어떻게 중전이 되었을까?
2. 장희빈은 악녀였을까?
3. 숙종의 생각은 어땠을까?

교과연계

역사
VI. 조선 사회의 변동
　1. 조선 후기 정치 운영의 변화
　　(1) 붕당 정치의 전개와 정치 제도의 변화

# 1

## 장희빈은 어떻게
## 중전이 되었을까?

오늘따라 법정 앞에는 여자 방청객들의 모습이 많이 보였다. 드라마에서만 볼 수 있던 숙종과 장희빈, 인현 왕후의 실제 이야기가 궁금했던 것이다. 조선 최고의 미인이라는 장희빈을 잠깐이라도 보기 위해서이기도 했다. 하지만 이들 대부분이 드라마에서의 인물 묘사를 굳게 믿고 있었기 때문에 숙종과 인현 왕후에게만 동정적이었다. 장희빈은 악랄하고 욕심 많은 인물이고, 지고지순한 인현 왕후를 내쫓은 것으로만 믿고 있었다.

"아니, 장희빈이 뭘 잘했다고 소송을 걸었을까?"

"그러게 말이야. 인현 왕후를 쫓아내고 중전 자리에까지 올랐으면서 자기가 쫓겨난 건 억울했나 봐?"

"그래도 사랑하던 숙종한테 배신당해서 사약까지 받았잖아. 억울할 만도 하지."

"숙종이 정말 그렇게 잘생겼을까? 호호."

하지만 평소에 역사적인 배경지식이 있는 사람들이 궁금해하는 것은 따로 있었다. 바로 장희빈과 인현 왕후의 정치적 배후였다. 숙종이 얼마나 자신의 판단으로 정국을 주도했는지도 큰 관심거리였다. 재판 시작 30분 전쯤 법원 입구가 소란스러워졌다. 화려한 가마를 탄 장희빈이 법원에 도착한 것이다.

판사    지금부터 재판을 시작하겠습니다. 이번 재판은 원고와 피고 서로에게 무척 감정적인 문제입니다. 본의 아니게 목소리를 높일 일도 생기겠지요. 하지만 그럴 때일수록 서로 간의 주장은 오로지 사실에 입각해 논리적으로만 말씀해 주시기를 당부하겠습니다. 상대방에 대한 인신공격도 삼가해 주시기 바랍니다. 오늘은 원고와 피고, 양측 변호인에게 이번 소송과 관련된 입장을 듣도록 하겠습니다. 먼저 원고 측 사건 설명해 주세요.

김딴지 변호사    원고 장희빈은 자신을 중전의 자리에서 쫓아낸 숙종을 상대로 손해배상 청구 및 폐비 조치 무효화 소송을 제기했습니다. 원고 하면 사람들은 악녀나 요부 같은 표독스러운 이미지를 떠올립니다. 지금까지 원고를 다룬 영화나 드라마가 한결같이 그렇게 묘사했기 때문이지요. 이런 이미지는 원고가 죽고 난 후부터 조작되기 시작한 것이고, 현대 사회에 들어와서도 사실 확인 없이 받아들여진 왜곡된 것입니다.

이대로 변호사    판사님, 지금 원고 측 변호사는 결론을 먼저 내세워 재판을 유리한 쪽으로 이끌어 가려고 하고 있습니다.

판사    인정합니다. 조작 여부는 이번 재판을 통해 가리겠습니다. 원고 측 변호인은 이 점을 고려하여 말씀해 주시기 바랍니다.

김딴지 변호사    알겠습니다. 판사님. 원고는 궁녀로 궁궐에 들어갔다가 숙종의 눈에 띄어 후궁이 되었고, 왕자를 낳았지요. 정비인 인현 왕후는 아이를 낳지 못했기 때문에, 원고의 아들이 원자로 봉해졌습니다. 그 때문에 원고는 인현 왕후를 제치고 중전 자리에까지 앉을 수 있었고요. 하지만 이렇다 할 이유도 없이 왕비의 자리에서 쫓겨나 희빈으로 강등되고 말았습니다. 지금까지도 조선 역사에서 둘도 없는 악녀로 알려지고 있고요.

판사    익히 알고 있는 이야기입니다. 하지만 다시 들어도 참으로 굴곡이 많은 인생이로군요.

김딴지 변호사    그렇습니다. 이 모든 일이 일어난 것은 정치적인 격동 때문이었습니다. 인현 왕후가 장희빈에게 밀려 쫓겨났다 궁궐로 돌아온 것도, 원고가 중전의 자리에 올랐다가 쫓겨난 것도 마찬가지의 이유입니다.

판사    근거가 있습니까?

김딴지 변호사    물론입니다. ▶숙종 이전부터 조선 조정에는 서로 적대적으로 맞서는 당파가 있었습니다. 한편이 서인이고 다른 한편이 남인이지요. 숙종은 1680년(숙종 6) 남인들을 쫓아내고 서인들을 집권시킵니다. 역사에서는 그

교과서에는

▶ 숙종 때에 이르러 붕당 사이의 견제와 균형을 유지하던 건전한 붕당 정치 형태가 무너졌습니다. 이후 정국을 주도하는 붕당과 견제하는 붕당이 급격히 교체됨으로써 정국이 빠르게 전환하는 환국이 나타났지요. 이로써 한 시기, 특정 붕당이 정권을 독점하는 일당 전제화의 추세가 대두되었습니다.

것을 경신년에 일어난 환국이라고 해서 경신환국이라고 부르지요. 10년쯤 지난 1689년(숙종 15)에는 다시 남인들을 불러들이고 서인들이 쫓아냈지요. 이것이 기사환국입니다. 이때 장희빈이 남인 세력에 힘입어 중전의 자리에 오를 수 있었습니다. 서인의 지지를 받던 인현 왕후는 폐서인이 되었고요. 그것이 끝이 아닙니다. 1694년(숙종 20) 숙종은 장희빈을 지지하던 남인 정권을 몰아내고 인현 왕후를 지지하던 서인 정권을 불러들이는 갑술환국을 단행했습니다. 이 일로 인현 왕후는 복권되고, 중전이었던 장희빈이 다시 희빈의 자리로 내쫓게 됐지요.

**판사** 이렇게 들으니 마치 손바닥 뒤집듯이 정권 교체를 했던 것 같습니다. 그런데 어째서 사람들은 인현 왕후를 자애로운 여성으로, 장희빈을 표독스러운 여성으로 묘사합니까? 그렇게 따지면 두 사람 다 권력투쟁의 희생자들이 아닙니까?

**김딴지 변호사** 그렇습니다. 두 사람에 대한 평가가 이처럼 완전히 달라진 데는 피고 숙종의 책임이 큽니다. 원고의 반대파인 노론이 집권하도록 했으니까요. 그들은 장희빈에 대해 비판적이었기 때문에 그녀의 이미지를 요부나 악녀로 폄하했습니다.

**판사** 조금 더 구체적으로 설명해 주시지요.

**김딴지 변호사** ▶숙종 후반에 서인 세력은 세자(후에 경종)를 지지하던 소론과 연잉군(후에 영조)을 지지하던 노론으로 나뉘어 있었습니다. 숙종은 자신이 죽은 후 세자가 노론을 상대하기에는 힘에 부친다고 보고, 다시 노론과 손

**환국**
집권 세력이 급격히 교체되는 상황을 말합니다.

교과서에는

▶ 잦은 환국은 노론과 소론의 치열한 대립을 불러일으켰습니다. 숙종 말에서 경종에 이르는 동안에는 왕위 계승 문제로, 경종 때에는 왕세제(영조)에게 대리청정을 시키는 문제로 노론과 소론이 대립하였습니다.

을 잡았던 것이지요.

**이대로 변호사**    판사님, 이의 있습니다. 원고가 강등된 것은 정치적인 원인이 다는 아닙니다. 지금 원고 측 변호사는 실상을 보여 주는 자료는 제시하지 않은 채 막연한 상황 논리로 인현 왕후나 장희빈의 강등이나 비슷하지 않겠냐는 억지 주장을 하고 있습니다. 비슷한 상황에 맞닥뜨리더라도 사람의 대처 방식은 서로 다릅니다. 거기서 인격이 나타나는 것이고요. 숙종 임금도 장희빈이 여러 상황에 대처하는 행동을 보고 중전의 자리에 어울리지 않는다고 판단한 것입니다.

**판사**    알겠습니다. 그 이야기는 나중에 더 들어 보도록 하지요. 일단 원고 측 변호인 계속 말씀하시지요.

**김딴지 변호사**    네, 먼저 이 사건의 당사자인 원고 장희빈을 불러 증언을 듣고자 합니다.

**판사**    좋습니다. 원고는 자기소개를 해 주십시오.


장희빈이 새초롬한 표정으로 앞에 나서자 방청석에서는 탄성이 터져 나왔다.

"역시 미인이로군!"

"저러니 어떤 남자가 안 넘어가겠는가?"

한쪽에서는 혀를 차는 소리도 들려왔다.

"예쁘지만 기품이 없어. 인상이 너무 차가워!"

저마다 이런저런 소리를 했지만 당사자인 장희빈의 표정은 담담하기만 했다.

장희빈    지난번 재판 기록을 보았더니 모두 나를 '장희빈'이라고 부르더군요. 난 그것부터 기분 나쁩니다. 물론 왕후로 죽지 않았으니, 인현이니 인경이니 하는 호칭을 바랄 수는 없지요. 그렇더라도 한때나마 중전이던 나를 희빈으로 부르는 것은 심하지 않나요. 하다 못해 폐비 장씨라고 불러 주세요. 한 번 중전이면 영원한 중전입니다. 아시겠어요?

판사    원고, 바로 그 문제 때문에 이번 소송이 진행되고 있는 것 아닙니까? 우선 자기소개를 부탁드립니다.

장희빈    내 이름은 장옥정입니다. 중국어 통역을 하던 역관 집안에서 태어났는데, 신분은 중인이지만 돈은 무척 많았지요. 아버지는 내가 열 살 때 돌아가셨어요. 하지만 작은아버지가 남은 가족을 챙겨 주어 생활은 어렵지 않았습니다. 어머니는 미모가 출중했는데, 판서를 지낸 조사석이라는 사람의 처갓집 여종이었습니다. 조선 시대에는 어머니의 신분을 따랐으니까 굳이 따지면 나도 같은 신분이라고 할 수 있지요. 우리 집안은 이래저래 남인들과 인연이 깊었어요. 조사석 대감이 남인의 핵심 인물이었고 작은아버지도 남인의 실력자인 인평 대군(효종의 동생)을 가까이에서 모셨습니다. 어머니가 조사석 대감의 첩이었다는 이야기도 있는데, 그건 내가 어렸을 적 일이라 확실하지 않고요. 다만 조사석 대감과 가까웠던 것은 사실입니다.

판사    알겠습니다. 궁에 들어가게 된 이후부터 가능한 요약해 설명해 주세요.

장희빈　판사님, 자꾸 재촉하시는군요. 알겠어요. 간단하게 하지요. 나는 처음에 인조 임금의 계비인 자의 대비의 궁녀로 궁궐에 들어갔습니다. 조사석 대감의 사촌 누나가 자의 대비였지요. 대왕대비전은 매일 임금이 와서 문안을 드리는 곳입니다. 나는 자연스럽게 숙종 임금의 눈에 들 수 있었지요. 그때는 남인 세상이었기 때문에 전하의 총애를 받는 나를 시기할 사람도 없었습니다. 아까 들으니 내 행동거지를 문제 삼으시더군요. 하지만 내 이야기를 좀 들어 보세요. 전하를 가까이서 모시다 보니 그분이 품위 있는 여성을 좋아하신다는 것을 알게 됐어요. 그래서 나는 공부도 열심히 하고 몸가짐도 항상 조심했다고요. 조금이라도 어설프게 질투하거나 어긋난 행실을 보이면 그냥 두고 볼 분이 아니었지요.

판사　원고, 자기소개가 너무 길어지는데 언제쯤 끝납니까?

장희빈　지루하세요? 그만하지요, 뭐.

판사　아닙니다. 계속하시되 이번 재판과 관련이 없는 부분을 최대한 간략하게 압축해 주시면 고맙겠습니다.

장희빈　그럴게요. 1680년(숙종 6) 숙종 임금의 첫 번째 왕비였던 인경 왕후가 일찍 세상을 떠났어요. 전하와 동갑이었던 인경 왕후는 당시 최대의 실세인 광산 김씨 집안의 딸이었지요. 서인들이 인조반정을 일으켰을 때 그 뒤에 있던 세력이 광산 김씨였습니다. 이후 인조, 효종, 현종을 거치면서 서인은 조선 정치를 좌지우지했는데, 그 중에서도 광산 김씨 집안은 사실상의 왕실이라고 불릴 정도였지요.

**인조반정**
이귀, 김유 등의 서인이 광해군을 몰아내고 능양군(인조)을 즉위시킨 일을 말합니다.

어쨌든 전하께서는 인경 왕후가 세상을 떠나자 적적하셨던지 나를 더욱 가까이 하셨습니다. 나야 마냥 좋았지요. 숙종의 어머니이자 현종의 비였던 명성 왕후 김씨가 나를 탐탁지 않게 여기고 있는 줄은 꿈에도 몰랐어요. 명성 왕후는 김육의 후손으로 서인 집안이었고, 당연히 남인 쪽과 손을 잡은 내가 눈엣가시로 보였겠지요. 명성 왕후와 친척 김석주는 무시무시한 사람이에요. 필요할 때는 우리 남인과 손을 잡고 송시열과 같은 서인 강경파를 내몰더니, 이때가 되어서는 다시 서인과 손을 잡고 남인을 쫓아내려 했지요. 결국 서인이 권력을 장악하는 경신환국 직전에 나는 대궐에서 쫓겨났습니다. 시어머니에게 쫓겨난 셈이지요.

판사     초반부터 신고식을 톡톡히 치렀군요?

장희빈     맞아요. 어쩔 수 있나요. 쫓겨나서는 민가에서 조용히 지냈어요. 3년 후에 나를 쫓아낸 명성 왕후가 세상을 떠났다는 소식을 들었지요. 다시 3년 후에 대궐로 들어오라는 명을 받았고요. 내가 대궐을 떠나 있던 1681년, 여흥 민씨 집안의 딸이 두 번째 왕비가 됐는데 주상 전하에게 나를 다시 불러들이는 게 좋겠다는 말을 했다는 거예요. 그것이 본심이었을까요? 난 아니라고 생각해요.

판사     원고, 자기소개를 계속해 주세요.

장희빈     아니예요, 판사님. 이건 중요한 문제예요. 매사에 인현 왕후를 후덕하다고 표현하잖아요? 인현 왕후가 나를 불러들인 일도 그런 근거로 이야기한단 말이에요. 솔직히 말해 인현 왕후는 혼인한 지 6년째가 되어도 아이를 못 낳았잖아요? 새로운 왕비가 들어오

왜 숙종은 장희빈에게 사약을 내렸을까?

• 장희빈은 어떻게 중전이 되었을까?

숙종의 첫 번째 왕비인 인경 왕후 김씨는 일찍 죽었습니다.

숙종은 이후 궁녀였던 장씨와 가까워졌지요.

서인이었던 명성 왕후 김씨는
남인 출신인 장씨를 쫓아냅니다.

숙종의 계비가 된 인현 왕후는 장씨를 다시 불러들였습니다.

자기가 아들을 못 낳아서 그런가 봐.

나중에 후회할걸!

장희빈은 숙종의 첫아들을 낳고 희빈이 되었습니다.

이 아이를 원자로 삼으리라!

아니, 태어나자마자!

전하, 조금 더 시간을 두심이….

숙종은 얼마 후 인현 왕후를 폐서인시켜 내쫓고, 장희빈을 왕비로 책봉합니다.

이제 내가 중전이다!

세자를 낳은 희빈을 중전에….

느니 과거에 전하께서 좋아했던 여인을 들이면 문제가 안 될 거라고 생각했겠지요. 서인들 세상이 끝없이 이어질 줄 알았나 봐요. 참, 이 장옥정을 몰라도 유분수지. 숙종 임금의 마음은 누구보다 내가 잘 알지요. 다시 궁에 돌아온 뒤 전하의 사랑은 극진했어요. 나도 그에 보답하듯 1688년(숙종 14) 10월에 왕자를 낳았고요. 전하께서는 비록 후궁의 몸에서 났지만 그 아이를 원자로 정했어요. 당연히 서인들의 반발이 대단했지요. 아직 인현 왕후 민씨가 젊은데 후궁의 자식을 원자로 해서는 안 된다는 것이지요.

판사      실제로도 좀 이례적인 일이 아니었습니까?

장희빈      그렇지요. 숙종 임금께서는 서인들의 방패막이 역할을 하는 인현 왕후를 통해 후사를 낳을 생각이 없었을 거예요. 결국 그해에 기사환국이 일어나 다시 남인이 집권하게 되었고요. 그 후의 과정은 아까 김딴지 변호사가 말했던 대로예요. 1694년 갑술환국으로 다시 서인이 집권하면서 나는 폐위됐어요. 7년 후 인현 왕후가 죽었을 때 나도 사약을 받았고요. 43살이라는 젊은 나이였지요. 내 무덤은 경기도 광주에 있었는데, 1969년 사람들이 숙종 임금의 묘가 있는 서오릉으로 옮겨 주었어요. 나는 이번 소송에서 잃어버린 명예를 꼭 되찾고 싶어요.

# 2

## 장희빈은
## 악녀였을까?

**김딴지 변호사**    판사님, 여기 아주 중요한 문서가 있으니 살펴봐 주
시기 바랍니다.

판사    제출하시지요.

　　김딴지 변호사는 법원 서기에게 자료를 주고 자리로 돌아와 말을
이었다.

**김딴지 변호사**    그것은 제가 들고 있는 원본의 복사본입니다. 숙종
이 중전이던 원고를 희빈으로 강등하면서 내린 비망기입니다.

　　국가의 위기가 다시 안정되어 중전(인현 왕후)이 다시 왕비의

자리를 되찾았으니, 백성에게 두 임금이 없는 것은 옛날이나 지금이나 마땅히 따라야 할 도리이다. 장씨의 왕비 인증 도장을 회수하고, 이어 장씨를 다시 희빈으로 강등하라. 대신 세자가 희빈에게 하는 문안 인사는 폐지하지 말고 지속하도록 하라.

**비망기**
임금이 명령을 적어서 승지에게 전하던 문서입니다.

왕비를 내쫓을 때는 그만한 사유가 있어야 합니다. 그런데 이 글에는 장희빈이 구체적으로 무엇을 잘못했는지에 관한 말은 단 한 구절도 없습니다. 그저 환국이 이루어졌으니 남인들이 지지하던 왕비는 다시 후궁으로 돌아가라는 것이 전부입니다. 만일 원고가 정말로 포악하고 표독스러운 요부나 악녀였다면 달랐을 겁니다. 또 정치적으로 탁월한 감각을 갖고 있던 숙종이 그것을 그냥 덮지도 않았을 것이고요. 일부러라도 원고의 잘못을 언급했겠지요. 상식적으로 생각해 보십시오. 세자까지 낳아 중전이 된 원고를 권력투쟁의 결과로 내쫓아야 할 때는 억지로라도 부정적인 모습들을 찾아내어 열거할 것입니다. 그런데 여기에는 그런 내용이 없지요. 따라서 장희빈은 중전의 자리에서 쫓겨날 만한 악행을 하지 않았던 것이 분명합니다. 이상입니다.

판사　원고 측 변호인 말씀 잘 들었습니다. 피고 측 변호인 반론해 주시기 바랍니다.

이대로 변호사　판사님, 답답함을 참고 정말 오래 기다렸습니다.

이대로 변호사가 정말 답답했다는 표정으로 말하는 바람에 방청석에서 웃음이 터졌다. 하지만 곧 이대로 변호사는 진지한 표정으로 돌아가 말을 이었다.

**이대로 변호사**     억울함으로 따지자면 인현 왕후 민씨에 비하겠습니까. 기사환국이 일어나던 때로 가 보도록 하겠습니다. 이때 숙종은 인현 왕후를 폐하고 서인(庶人)으로 삼았습니다. 장희빈은 중전에서 희빈으로 강등되었지요. 인현 왕후는 원래 명문가 출신인데도 서인으로 전락했습니다. 그런 상황에서도 억울함을 호소한 적이 없지요. 자신의 숙명을 담담히 받아들일 뿐이었습니다. 반면 원고는 이렇게 오랜 시간이 지난 후에도 과거의 일을 끄집어내어 소송까지 하였고요. 그런 차원에서 보더라도 인현 왕후에게 미치지 못하는 장희빈의 인격적 결함을 알 수 있지 않을까요?

**김딴지 변호사**     판사님, 지금 피고 측 변호인은 원고의 명예를 모독하고 있습니다. 분명하게 경고해 주시기 바랍니다.

**판사**     그렇지 않아도 주의를 주려 했습니다. 아직 재판 초반인데 양측의 변론이 도가 지나칩니다. 재판의 바른 진행을 위해 서로 조금씩 양보해 주시기를 간곡히 부탁드립니다.

**김딴지 변호사**     잘 알겠습니다. 판사님, 혹시 피고 측으로부터 1689년(숙종 15) 비망기를 받으셨습니까? 이것은 제가 입수한 당시 비망기의 복사본입니다.

이대로 변호사가 김딴지 변호사를 흘겨보았다. 방청객들은 비망기에 어떤 내용이 들어 있는지 궁금한 눈치였다.

앞서 제출한 장희빈을 중전에서 폐할 때의 비망기에는 장희빈의 결격 사유에 관해서는 단 한마디도 없었습니다. 지금 제출한 것은 인현 왕후를 폐할 때의 비망기입니다. 그중 한 대목만 읽어 보겠습니다.

폐비 윤씨(연산군의 어머니)의 잘못은 오직 질투뿐이었는데 그 죄상이 드러나자 성종께서는 종묘사직을 위해 깊이 근심하고 먼 앞날을 생각하시어 단연코 폐출하셨다. 오늘날 민씨는 허물을 지고 범한 것이 윤씨보다 더하고, 윤씨에게 없었던 행동까지 겸하였다.

어떻습니까? 인현 왕후의 폐출 이유에 대해서는 한마디로 윤씨보다 더하다고 명확하게 언급하고 있습니다. 원고 때에 행실과 관련된 말이 단 한마디도 없었던 것과는 전혀 다르지요. 민씨와 장씨의 폐출을 같은 선에 놓고 비교할 수 없다는 결정적인 증거 아니겠습니까?

판사    피고 측 변호인, 인정하십니까?

이대로 변호사    판사님, 완전히 아전인수 격인 주장입니다. 원고 측 변호인이 일부러 저러는지, 몰라서 저러는지 기가 찹니다. 원고 측 변호인은 역사공화국에서 변호사 노릇 제대로 하려면 역사 자료 읽는 법부터 배워야겠습니다.

**김딴지 변호사**　판사님, 제지해 주시기 바랍니다.

**판사**　피고 측 변호인, 예의를 지켜 주세요.

**이대로 변호사**　어이가 없어서 드린 말씀이었습니다. 방금 원고 측 변호인이 언급한 내용이 인현 왕후에게 내린 비망기에 포함돼 있는 것은 사실입니다. 그러나 반드시 앞뒤 맥락을 살펴서 해석해야 합니다. 비망기를 내릴 때 처벌할 인물이 정말 표독하고, 이를 모든 사람들이 다 알고 있을 경우에는 굳이 그 사실을 쓰지 않았습니다. 반대로 많은 사람들의 신망을 얻고 있는 사람에게 불리한 조처를 해야 할 때는 없는 것도 찾아서 잘못한 것처럼 포장했지요. 그래야 사람들이 그런 부당한 조처를 조금이나마 수긍하게 되니까요. 숙종이 내린 두 개의 비망기는 바로 그런 점에서 비교해야 합니다.

**김딴지 변호사**　판사님, 지금 피고 측 변호인이 한 주장은 인현 왕후와 원고에 대해 미리 선인과 악인이라고 전제했을 때만 가능한 것입니다. 발언을 중지시켜 주십시오.

**판사**　기각합니다. 피고 측 변호인, 말씀 끝나셨습니까?

**이대로 변호사**　아직 끝나지 않았습니다. 아까 원고 측 변호인은 숙종이 인현 왕후에게 내린 비망기의 내용을 엄청난 것인 양 과장했습니다. 그 부분을 다시 한 번 차분하게 읽어 보겠습니다. 무슨 잘못이 언급돼 있습니까? 그냥 윤씨보다 더하고, 윤씨에게 없었던 행동까지 했다는 내용입니다. 구체적으로 어떤 잘못인지 전혀 알 수 없지요. 반면 원고는 아들(훗날의 경종)의 사타구니를 쥐어 조선 왕실의 대를 끊으려 했다는 소문까지 돌 정도입니다. 평소 행실이 어떠했으면 이런 소문이 생기겠습니까?

**장희빈**　아니, 사람을 두 번 죽여도 유분수지! 어떻게 그런 황당한 이야기까지 들먹여 내 명예를 짓밟을 수가 있습니까? 내가 그렇게 했다면 실록에도 당연히 그 내용이 기록되어 있겠지요. 하지만 내가 사약을 받은 날의 실록에는 그러한 내용이 없습니다.

**판사**　그 이야기는 어디서 나왔습니까? 훗날 소설에서 지어냈나요?

**장희빈**　영조 초에 이문정이라는 자가 여기저기서 주워들은 이야기를 모아 『수문록』이라는 책을 냈습니다. 거기에 그런 내용이 적혀 있더군요. 여기 가져왔으니 한 번 보시지요.

장희빈이 사약을 받는 날, 세자를 꼭 한 번 보고 나서 사약을 받겠다고 하여, 모자의 정리를 금하기가 어려워 세자와 만나는 것을 허락하였다. 장희빈은 진실로 눈물을 흘리며 울 겨를도 없을 터에 차마 말할 수 없는 악언을 하더니 방자하게 흉악한 손으로 세자의 하부를 침범하였다. 세자가 땅에 쓰러져 기절해 있다가 반 시각이 지난 후에 회생하였다. 궐내가 모두 놀라 어쩔 줄을 몰랐다. 세자는 이때부터 기이한 병을 앓아 용모는 점점 파리하고 누렇게 되고 정신은 때때로 혼미하고 어지러워했다.

이게 사람이 할 짓입니까? 정치적으로 승리했으면 그만이지 어떻게 모자간의 정마저 이렇게 날조할 수 있습니까? 숙종 임금이 열네 살의 어린 세자에게 어미의 죽는 모습을 보게 했을까요? 오로지 나라 생각뿐인 사람이, 앞으로 왕이 될 아들에게 그러한 분노를 심어 주려 했을까요? 이문정인가 하는 놈의 책은 새빨간 거짓말입니다.

이대로 변호사    판사님, 이에 관한 이야기는 여기서 충분한 것 같습니다. 이제 피고 숙종의 이야기를 직접 들어 보고 싶습니다.

판사    인정합니다.

# 숙종의 생각은
# 어땠을까?

판사    피고 숙종은 앞으로 나와서 자기소개를 해 주시기 바랍니다.

 침통한 표정의 숙종이 앞으로 나섰다. 장희빈은 숙종의 모습을 차마 볼 수 없는지 고개를 홱 돌려 버렸다.

숙종    나는 조선 제19대 임금 숙종입니다. 나라의 큰일이나 좋은 일도 아니고, 함께 살았던 여인을 죽인 문제로 이런 자리에 서게 되어 너무나도 유감스럽습니다.

판사    감사합니다. 계속하시지요.

숙종    나는 열네 살이 되던 1674년에 왕위에 올랐습니다. 부왕이

**수렴청정**
임금이 어린 나이일 때 왕대비나 대왕대비가 임금을 도와 정사를 돌보는 것을 말합니다.

신 현종께서 서른네 살의 나이로 일찍 세상을 떠나셨기 때문이지요.

**판사** 보통 그런 경우 왕실의 어른이 **수렴청정**을 하지 않나요?

**숙종** 나의 경우에는 없었습니다. 하지만 열네 살짜리가 뭘 알았겠습니까? 그래서 어머니인 명성 왕후의 사촌 오빠, 김석주가 나의 정치를 도왔지요.

**이대로 변호사** 피고, 첫 번째 왕비인 인경 왕후에 대해서도 조금 설명해 주시겠습니까? 원고의 설명도 있었지만, 피고의 이야기를 듣는 것이 이번 재판을 이해하는 데 도움이 될 듯합니다.

**숙종** 그러지요. 인경 왕후가 일찍 죽지만 않았어도 조선의 역사는 완전히 달라졌을 테니까요. 인경 왕후의 집안은 서인의 핵심 세력이었습니다. 그래서 나와 인경 왕후의 혼인은 조선의 형식적인 왕실과 실질적인 왕실의 결합이라는 말이 있을 정도였습니다.

**이대로 변호사** 인경 왕후만 살아 있었다면 쉽게 안정된 왕권을 유지할 수 있었겠군요?

**숙종** 장담할 수 없는 일이지만 가능성은 있었습니다. 어쨌거나 인경 왕후는 스무 살이 되던 1680년 세상을 떠났습니다. 첫 왕비이니 내가 받은 충격도 컸지요. 마음도 쓸쓸했습니다. 희빈, 그러니까 궁녀 장옥정이 눈에 들어와 애정을 쏟은 것도 그때부터이지요. 하지만 어머니인 명성 왕후가 그녀를 대궐에서 내쫓아 버렸습니다. 당파가 다른 것이 한 원인이었을 겁니다.

**판사**    명성 왕후는 서인 집안, 궁녀 장옥정은 남인 집안이 배경이었지요?

**숙종**    그렇습니다.

**이대로 변호사**    아까 명성 왕후의 친척인 김석주가 피고의 정치를 도왔다고 하셨습니다. 그렇다면 그때는 서인이 정권을 잡고 있었겠군요?

**숙종**    좀 복잡한 과정이 있었습니다. 김석주의 당파가 서인인 것은 맞습니다. 하지만 서인 안에는 묘한 틈이 있었습니다. ▶김석주의 조부인 김육은 실용주의를 추구했고, 같은 서인이지만 명분론을 추구하던 송시열과 갈등 관계였어요. 김석주는 바로 이 때문에 서인이면서도 남인을 대거 기용합니다. 내가 왕위에 올랐을 때는 허적을 영의정으로 하는 남인 정권을 만들어 나를 도왔습니다. 부왕께서도 돌아가시기 직전 서인들이 왕실을 우습게 여기고 있다는 것을 아셨지요. 어찌 보면 부왕께서 하시던 구상을 나와 어머니, 김석주가 힘을 합쳐 실현시킨 것입니다.

**판사**    그러면 당시 정권은 누가 잡고 있었다는 말씀이신가요?

**숙종**    계속 바뀌었다고 할 수 있습니다. 남인들을 써 보니, 충성도는 높은데 능력이 모자랐습니다. 나라를 운영하려면 명분도 중요하지만 능력도 중요합니다. 형조에는 재판이 지체되어 각종 서류들이 쌓여 있는데도 관리라는 사람들은 대낮부터 술이나 먹고 백성 위에 군림할 생각만 했

**교과서에는**

▶ 인조반정 이후 서인은 정국의 주도권을 잡았습니다. 이들은 의미 명분론을 강화하며 주자 중심의 성리학을 절대화함으로써 자신들의 학문적 기반을 공고히 하려고 했습니다. 이는 송시열의 저술 등으로 뒷받침되었지요. 송시열은 주자의 본뜻에 충실함으로써 당시 조선 사회의 모순을 해결할 수 있다고 생각했습니다.

습니다. 그냥 두고 볼 수 없는 일이었습니다. 믿었던 영의정 허적마저 자기 아버지 잔치에 왕실의 기름종이를 마구 가져다가 썼더군요. 결국 나는 경신환국을 일으켜 남인들을 내쫓았습니다. 썩 내키지는 않았지만 서인들을 다시 불러들였고요. 임금 혼자 아무리 용을 써 봤자 신하들이 움직여 주지 않으면 백성들은 어려움을 겪을 수밖에 없다는 것을 절실히 깨달았지요.

**이대로 변호사**　　경신환국 이듬해에 서인인 민유중의 딸을 두 번째 왕비로 맞아들이셨습니다. 그것은 서인들의 불안감을 덜어 주기 위한 일종의 정략결혼이었습니까?

**숙종**　　부인하지는 않겠습니다. 좋은 가문 출신이라 먼저 세상을 떠난 인경 왕후를 잊는 데도 도움이 되리라 생각했지요.

**이대로 변호사**　　실상은 어땠습니까?

**숙종**　　인현 왕후와 나는 잘 맞지가 않았어요. 궁녀였던 옥정이와 있을 때는 골치 아픈 국정은 다 잊고 즐겁고 편안했지요. 반면 예법을 중시하는 인현 왕후는 불편하고 부담스러웠어요. 손 한 번 잡기도 쉽지 않았지요. 같이 있을 때면 대궐 밖으로 나간 옥정이 생각이 간절했지요. 인현 왕후의 잘못은 아니라고 생각합니다. 단순히 나랑 맞지 않았던 것이 불행이지요.

**이대로 변호사**　　원고가 피고의 마음을 완전히 사로잡았군요?

**숙종**　　그랬다고 할 수 있습니다. 어머니 명성 왕후가 죽고, 3년간의 상이 끝나자마자 옥정이를 다시 궁으로 불러들였으니까요. 그리고 공식적으로 후궁인 숙원으로 책봉했습니다.

　　왜 숙종은 장희빈에게 사약을 내렸을까?

**이대로 변호사**     또 왕실에 아들까지 낳아 주었으니 무슨 말이든 다 들어주고 싶으셨겠지요?

**김딴지 변호사**     판사님, 피고 측 변호인은 유도 신문으로 재판의 방향을 어지럽히고 있습니다.

**판사**     인정합니다.

**이대로 변호사**     판사님, 아닙니다. 저는 당연한 이치를 말하는 것입니다. 어쨌든 사람은 사랑하는 사람의 말에 귀 기울이게 됩니다. 귀한 세자를 얻게 해 준 원고이니, 발언의 비중이 커졌을 것이 아닙니까? 또 어떤 행동을 해도 좋게만 보였을 것입니다. 원고는 이런 피고의 마음을 자신의 욕심에 이용한 것입니다.

**김딴지 변호사**     그때 피고가 인현 왕후를 폐위하면서 제시했던 죄목을 서면으로 확인해 보고 싶습니다.

김딴지 변호사는 실록에 나오는 숙종 비망기의 복사본을 재판부에 제출하고, 돌아와 읽기 시작했다.

**김딴지 변호사**     이것은 피고인 숙종이 직접 썼거나, 신하에게 쓰게 하고 결재하신 문서입니다.

폐비 윤씨는 단지 투기에만 관계되었으며, 또 저사(세자)가 있었으나, 성묘(성종)께서 단연코 폐해 쫓으시고, 조금도 용서하지 아니하셨다. 그리고 뭇 신하가 힘써 간쟁한 바도 또한 국본(세

**불령**
역모를 꾸미는 일을 말합니다.

자)이 난처하게 되는 까닭에 지나지 않았을 뿐이었다. 어찌 일찍이 박태보의 무리와 같이 무상한 자가 있었겠는가? 아! 예로부터 후비가 투기로 인하여 원망하고 분노하는 경우가 진실로 혹 있었으나, 지금의 일은 그런 것이 아니다. 투기하는 것 외에도 별도로 간특한 계획을 꾸며, 스스로 선왕(현종) 선후(명성 왕후)의 하교를 지어내어서 공공연히 나에게 큰소리로 떠들기를, "숙원(장희빈)은 전생에 짐승의 몸이었는데, 주상께서 쏘아 죽이셨으므로, 묵은 원한을 갚고자 하여 이 세상에 태어났습니다. 그래서 경신년 역옥 후에 불령한 무리와 서로 결탁하였던 것이며, 화는 장차 헤아리지 못할 것입니다. 또 팔자에 본디 아들이 없으니, 주상이 노고하셔도 공이 없을 것이며, 내전에는 자손이 많을 것이니, 장차 선묘(선조) 때와 다름이 없을 것입니다"라고 하였으니, 이는 비록 삼척동자라도 반드시 듣고 믿지 아니할 것이다.

더욱이 이제 조종이 묵묵히 도우심으로 원량(원자)이 탄강하자, 흉한 꾀가 더욱 드러났으니, 그 누구를 속이겠는가? 아! 국모로 한 나라에 임하여 신민이 우러러 받드는데, 이런 간특한 정상이 있음은 천고에 듣지 못한 바이다. 이것을 참는다면 무엇을 참지 못하겠는가? 이미 윤씨에게도 없는 죄인데, 박태보 등이 죽음으로써 절개를 세운다고 하면서 임금을 무함(誣陷)한 것은 또한 성묘조에도 있지 않았던 바이다. 성묘께서 폐비할 때 하교하시기를, "만약 후궁의 참소를 듣고 잘못으로 이 일을 하였다면, 천지와 조종이 위에서 밝게 질정할 것이다"라고 하였으니, 지극하다. 왕의 말씀이여! 경 등은 시험 삼아 생각해 보라. 아침저녁으로 말하고 행하는 것이 투기와 원노가 아님이 없는데, 이것도 부족하여 **구고**의 말씀을 지어내어 과인의 몸을 업신여겼으며, 총애를 독차지하려고 난을 얽고 겸하여 화를 조정에 전가시켰으니, 이런 무리에게는 악을 징계하는 법이 없을 수 없다.

**구고**
돌아가신 시부모님입니다.

**사사**
임금이 독약을 내려 스스로 죽게 하는 것을 말합니다.

피고에게 하나만 묻겠습니다. 이 문서에 있는 인현 왕후의 죄목은 실제로 일어난 일을 적은 것이지요?

**숙종**　어찌 없는 것을 적었겠습니까? 인현 왕후에게는 그런 면이 있었습니다.

**김딴지 변호사**　판사님, 지금 피고 측 변호인이 제시하신 문서와 달리 장희빈을 내쫓고 **사사**할 때 적은 죄목은 훨씬 미약하고 모호합니다. 그것은 곧 장희빈의 죄가 인현 왕후보다는 크지 않았다는 뜻으로 받아들여도 될까요?

**이대로 변호사**　김딴지 변호사! 정말 끈질기시군요! 존경하는 판사님, 지금 원고 측 변호인은 논리에 맞지 않는 이야기로 법정을 혼란에 빠뜨리고 있습니다. 피고는 애정의 크기에 비례하여 비망기를 내린 것입니다. 장희빈을 폐할 때는 애정이 남아 있었기 때문에 그 내용을 구체적으로 적지 않았고 희빈으로 강등시키고 끝났지만, 인현 왕후에게는 그럴 만한 애정이 없었던 것뿐입니다.

판사　기각합니다. 증인, 원고 측 변호인의 질문에 대답하세요.

숙종　애정이 정확하게 수치로 비교되는 것은 아니라고 생각합니다. 하지만 희빈을 아낀 것은 사실입니다. 무엇보다 나의 첫아들을 낳았으니까요. 왕실에 손이 귀하기도 했으니 나의 기쁨은 무척 컸지요. 그것이 1688년(숙종 14) 10월 27일의 일입니다. 희빈이 대궐에 다시 들어온 지 2년 만이지요. 그때 인현 왕후는 마음고생이 심했을 것입니다. 사람 일이 억지로 되는 것은 아니니까요. 나도 안쓰럽게 생각했습니다.

이대로 변호사　피고께서 그렇게 최우선으로 여긴 세자는 왕위에 오른 지 불과 4년 만에 후손도 없이 세상을 떠나지 않았습니까?

숙종　역사공화국에서 그 소식을 듣고 내가 얼마나 애통해했는지 모릅니다. 실은 내가 왕위에 있을 때도 늘 이런 생각을 했습니다. 왜 우리 왕실에는 자손이 부족할까? 효종 임금은 아들 하나에 딸이 여섯 명이었습니다. 그 하나뿐인 아들이 바로 부왕이신 현종 임금입니다. 부왕은 아들 하나에 딸 셋을 두셨지요. 점점 왕실에 아들이 귀해지고 있었습니다. 나도 대를 이을 아들 때문에 고민했던 게 사실입니다. 결국 정실 왕비에게서 얻지 못하고, 희빈에게서 얻었지요. 희빈을 그냥 후궁으로만 두었다면 세자는 줄곧 후궁의 자식이라는 굴레를 쓰고 살아야 했을 것입니다. 그래서 장희빈을 왕비로 삼았던 것입니다. 왕비 소생이 왕이 됐을 때와 후궁 소생이 왕이 됐을 때 신하들이 보여 주는 충성의 정도는 하늘과 땅 차이니까요.

판사　하지만 결국 최숙빈의 아들인 연잉군이 왕위에 올랐지요.

**추존**
왕위나 왕비의 지위에 오르지
못하고 죽은 이에게 후대에 칭
호를 주던 일을 말합니다.

인력으로 되는 일은 아닌가 봅니다.

**숙종** 　그렇습니다. 하지만 당시에는 신경 쓰지 않을 수 없었습니다. 나는 임금으로서 정통성이 완벽했는데도, 신하들의 끊임없는 견제에 시달렸습니다. 적어도 내 아들에게는 그런 일을 겪지 않도록 하고 싶어 애썼지요. 결국 경종은 일찍 죽고, 연잉군이 임금이 되어 최장수 재위를 기록하더군요. 그게 다 운명이에요. 운명 앞에서는 임금도 어쩔 수 없는 것이지요.

**이대로 변호사** 　세자의 정통성을 위해서 장희빈을 중전으로 삼았다는 말씀이시군요. 왕에게도 어머니의 출신을 따지는 세상이었으니까요. 경종도 임금이 되어서 어머니인 장희빈에게 옥산부 대빈이라는 칭호를 붙여 주었지요. 그에 대해서는 어떻게 생각합니까?

**숙종** 　글쎄요, 희빈이 생각하는 복권은 왕비로서의 승격 아닌가요? 그런 점에서 보자면 경종이 희빈을 완전하게 복권한 것은 아니지요. 아마 경종도 고민이 많았을 겁니다. 과거의 사례도 살펴보았겠지요. 예를 들어 연산군이 폐비 윤씨를 제헌 왕후로 **추존**했고, 광해군도 자신의 어머니 공빈 김씨를 공성 왕후로 추존했지요. 하지만 묘하게도 두 사람 다 반정으로 쫓겨났습니다. 선조는 자신의 친할머니 창빈 안씨를 추존하지 않았고요. 그래서 경종은 고민하다가 애매하게 '옥산부 대빈'이라는 칭호를 붙인 것으로 알고 있습니다. 왕비는 아니고 빈 중에서 큰 빈, 즉 큰 후궁이라고 부른 것이지요. 현명한 결정입니다. 누가 뭐래도 어머니가 아닙니까. 경종이 오래 왕위에 있었더라면 희빈의 호칭이 또 어떻게 바뀌었을지 모릅니다.

페비 윤씨       공빈 김씨       희빈 장씨
⋮           ⋮           ⋮
제헌 왕후       공성 왕후       옥산부 대빈

연산군          광해군          경종

판사    알겠습니다. 피고, 수고하셨습니다. 첫 번째 재판은 이것으로 마치도록 하겠습니다. 아직 모호한 부분이 남아 있긴 하지만 일단 양쪽이 무슨 생각하는지는 대략 파악할 수 있습니다. 숙종의 빈번한 정권 교체는 인현 왕후와 장희빈이 중전에 오르고, 강등되거나 폐서인되는 일과 밀접한 연관을 가졌다는 사실도 알 수 있었고요. 같은 일을 바라보는 서로의 입장 차이도 들었습니다. 하지만 당시 원고와 피고의 감정적인 상태만을 근거로 재판을 신행하다 보면, 소모전이 되기 쉬울 것입니다. 그러한 문제는 다음 재판에서 충분한 근거를 가지고 진행시키도록 하겠습니다. 이에 대한 옳고 그름 여부도 이후 여러 증인들의 이야기를 듣고, 자세한 정황 증거를 모아 판단하도록 하겠습니다. 오늘 재판을 마칩니다.

땅, 땅, 땅!

# 숙종의 환국 정치

숙종 시대에는 서인과 남인이 정권을 잡기 위해 치열한 경쟁을 벌였습니다. 숙종은 당파에 휘둘리지 않고, 한 번은 서인을 두둔하고 다음번은 남인을 두둔하는 방식으로 정치하였습니다. 이 과정에서 '환국'이 일어났습니다.

### • 갑인예송(1674년)

숙종 재위 초, 남인이 현종 때 예송 논쟁을 들어 송시열과 서인을 탄핵합니다. 숙종이 이를 받아들여 정권을 남인에게 넘겨주었습니다. 이 사건으로 인조반정 이후 40년 동안 서인의 손에 있던 조정의 주도권이 남인에게 넘어갔습니다.

### • 경신환국(1680년)

남인이 조정의 주도권을 쥔 지 몇 년 되지 않아 숙종은 남인의 무능에 염증을 느꼈고, 다시 환국을 일으켰습니다. 서인의 김석주 등이 주동해 영의정 허적의 서자 허견이 역모를 꾀한다고 고발하여 남인을 대거 권력에서 몰아내고 정권을 잡았습니다.

### • 기사환국(1689년)

남인들이 지지하는 장희빈이 아들을(후일의 경종) 낳자, 숙종은 곧바로 세자로 책봉하려 했습니다. 서인들은 이를 반대하다가 쫓겨납니다. 서인의 우두머리 송시열은 죽임을 당하였고, 인현 왕후는 폐출되었으며, 장희빈은 중전이 되었습니다.

• 갑술환국(1694년)

인현 왕후가 복위되고 중전이 되었던 장희빈이 다시 희빈으로 강등되었습니다. 이 사건으로 남인은 완전히 정치에서 제외되었습니다. 이후 서인들이 왕세자 (경종)의 보호 문제를 놓고 노론과 소론으로 갈라져 대립하였습니다.

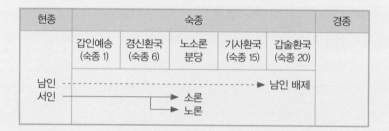

| 현종 | 숙종 | | | | | 경종 |
|---|---|---|---|---|---|---|
| | 갑인예송 (숙종 1) | 경신환국 (숙종 6) | 노소론 분당 | 기사환국 (숙종 15) | 갑술환국 (숙종 20) | |
| 남인 서인 | | | 소론 노론 | | 남인 배제 | |

서인과 남인의 당쟁은 결국 서인의 승리로 끝났고, 남인이 지지했던 장희빈은 사약을 받고 죽었습니다. 당쟁에서 이긴 서인들은 인현 왕후를 어질고 착한 왕비로, 장희빈을 마음씨 고약한 요사스러운 후궁으로 묘사했습니다.

왜 숙종은 장희빈에게 사약을 내렸을까?

**다알지 기자**

　　시청자 여러분 안녕하십니까? 역사공화국
법정 뉴스의 다알지 기자입니다. 첫 번째 재판
에서는 원고 장희빈과 피고 숙종이 솔직하게 자기
주장을 펼치는 모습을 볼 수 있었습니다. 장희빈은 자신이 어떻게 중
전이 되었고, 또 몰락하게 되었는지 설명했고, 김딴지 변호사는 기존
에 퍼져 있는 원고 장희빈에 대한 이미지가 거짓임을 주장했는데요.
장희빈은 여전히 숙종에 대한 애틋함과 존경심을 갖고 있는 모습이어
서 사람들이 의아하게 생각하기도 했습니다. 또 숙종은 과거 연산군이
나 광해군처럼 자기변호나 옹호에만 머물지 않고 책임이 있는 부분은
분명히 인정하는 태도를 보여 방청객들의 큰 관심을 받았습니다. 자세
한 이야기는 장희빈과 숙종의 인터뷰를 통해 대신하도록 하겠습니다.

**장희빈**

나는 처음에는 일개 궁녀에 지나지 않았
어요. 하지만 숙종 임금의 사랑을 받아 왕자를
낳았고, 희빈과 중전의 자리에까지 올랐지요. 어떻
게 보면 조선 시대의 신데렐라라고도 할 수 있지요. 하지만 다시 희빈
으로 강등됐고, 사약을 받았어요. 여성으로서 최고의 자리에까지 올랐
고, 세자의 어머니였지만 당쟁에 휩쓸려 죽고 만 거예요. 이후에는 나
를 음해하려는 수많은 공작들로 인해 요부, 악녀로 역사에 기록되었지
요. 조선 시대 왕실에서 왕위를 계승할 아들을 낳는 것은 여자로서 가
장 중요한 도리였어요. 나는 세자를 낳아 왕비에 올랐던 거예요. 물론
그 과정에서 어느 정도 서인과 남인의 당파 싸움이 작용한 것은 사실
이지만 말이에요. 나는 중전에서 밀려나야 할 이유가 없었어요. 나는
이 재판에서 반드시 승소할 거예요.

숙종

　나는 장희빈과 인현 왕후를 둘러싼 여러
사건 때문에 여자 문제로 유명해지고 말았습
니다. 나와 함께했던 여인들이 일찍 죽거나 불행한
죽음을 맞았던 것을 보면, 여자 복이 없었거나 내가 부덕한 탓이겠지
요. 장희빈은 정말 미인이고 매력적인 여성이었습니다. 조금만 더 자
신을 추슬러 세자의 어머니로서 알맞은 모습을 보였더라면, 종묘사직
과 세자를 위해 희빈을 죽이지 않아도 되었을 것입니다. 그러고 보면
내 운명도 참 불행하지요. 지금은 후회해도, 희빈을 다시 중전의 자리
로 복위시킬 수야 없지요. 그러나 내 마음속에서 희빈은 중전 그 이상
의 자리를 차지하고 있다는 것을 분명히 말씀드립니다.

# 장희빈은 인현 왕후를 저주했을까?

1. 장희빈과 인현 왕후의 진실 공방
2. 최숙빈이 장희빈을 밀고한 이유는?

교과연계

한국사
Ⅲ. 조선 사회의 변화와 서양 열강의 침략적 접근
  2. 조선에서도 근대의 기운이 움트다
    (1) 영·정조, 탕평책을 통해 정국을 주도하다

# 1

## 장희빈과 인현 왕후의
## 진실 공방

**판사**     재판 이틀째인 오늘은 장희빈을 죽음에 이르게 한 결정적인 원인을 알아보도록 하겠습니다. 세상에 알려진 것으로는 장희빈이 인현 왕후를 저주했고, 이것이 발각되어 죽음을 맞은 것으로 알려져 있습니다. 이런 사건이 정말로 있었는지, 또 인현 왕후는 이 과정에 얼마나 개입했는지 알아보겠습니다. 첫날 재판에서는 주로 원고와 피고를 중심으로 사태의 윤곽을 들었으니, 오늘은 여러 증인들을 모셔 더 자세한 정황 증거를 모아 보도록 하겠습니다. 피고 측 변호인께서 시작하시지요.

이대로 변호사는 변론을 시작하기 전 문서의 사본 하나를 재판부에 제출했다. 방청석에서는 두 변호사가 벌이는 증거 전쟁을 흥미진

진하다는 듯이 지켜보고 있었다.

자진
죽기로 결심하고 굶거나 약을 먹고 목숨을 끊는 것을 말합니다.

**이대로 변호사**　먼저 원고 장희빈에게 묻겠습니다. 지난 재판에서 하신 말씀처럼 기록된 책들에 묘사된 원고의 모습 중 일부는 조작이라는 점을 인정합니다. 하지만 역사서인 『조선왕조실록』에 기록된 이 내용은 어떻습니까? 숙종은 원고에게 사약을 내리기 이틀 전 승정원에 이런 하교를 내립니다.

희빈 장씨가 내전을 질투하고 원망하여 몰래 모해하려고 도모하여, 신당을 궁궐의 안팎에 설치하고 밤낮으로 빌며 흉악하고 더러운 물건을 두 대궐에다 묻은 것이 낭자할 뿐만 아니라 그 정상이 죄다 드러났으니, 신인이 함께 분개하는 바이다. 이것을 그대로 둔다면, 후일에 뜻을 얻게 되었을 때, 국가의 근심이 실로 형언하기가 어려울 것이다. 전대 역사에 보더라도 어찌 두려워하지 않을 수 있으랴? 지금 나는 종사를 위하고 세자를 위하여 이처럼 부득이한 일을 하니, 어찌 즐겨 하는 일이겠는가? 장씨는 자진하게 하라.

원고가 인현 왕후를 질투하고 원망해 신당을 설치하고, 그런 물건들을 대궐에 묻었다는 내용입니다. 이것도 사실이 아닙니까?

**장희빈**　참으로 웃기는 말입니다. 신당을 만들어 기도할 때 내 머릿속에 들어왔습니까? 내가 무슨 기도를 했는지 누가 알겠습니까?

인현 왕후를 죽이려 했다면 음식에 독을 넣는 것이 빨랐을 것입니다. 더 쉬운 방법을 찾았겠지요. 인현 왕후를 질투했느냐고요? 인현 왕후는 안 그랬겠습니까? 그 신당 사건은 무수리 최씨가 주상의 총애를 받으려고 없는 말을 지어낸 것입니다. 그런 걸로 나에게 책임을 지라는 겁니까?

**이대로 변호사**   그만하십시오. 잘 알겠습니다.

**김딴지 변호사**   판사님, 피고 측 증인인 인현 왕후를 불러 재판을 이어갈 것을 부탁드립니다. 원고와 피고를 제외하면 이번 사건에 가장 가까운 인물입니다. 또 장희빈의 강등과 사사에 실질적인 배후가 누구인지 알아볼 수 있는 증인이기도 합니다.

**판사**   재판 내용의 충실성을 높이기 위한 좋은 생각입니다. 피고 측 변호인은 어떻게 생각하십니까?

**이대로 변호사**   동의합니다.


인현 왕후가 등장하자 재판정 안이 술렁거렸다. 온몸에 기품이 흘러넘치는 미인이었기 때문이다. 인현 왕후가 선서를 하는 동안, 방청객들은 조금이라도 더 그녀의 얼굴을 보려고 이리저리 고개를 움직였다. 인현 왕후의 표정에는 조금의 흔들림도 찾아볼 수 없었다.


**판사**   증인은 먼저 자기소개를 해 주세요.

**인현 왕후**   나는 제19대 임금인 숙종의 부인이고, 조선의 국모요.

**판사**   증인, 여기는 신성한 법정이니 모두 평등합니다. 존대해 주시기 바랍니다.

그 말에 인현 왕후가 조용히 고개를 돌려 판사를 쳐다보았다. 웬만한 일에는 꿈쩍도 하지 않던 정역사 판사도 인현 왕후의 눈빛 앞에서는 움찔했다. 잠시 침묵이 흘렀다. 이어 판사는 정면을 바라보면서 다시 한 번 사무적으로 말했다.

판사　역사공화국은 전생의 신분에서 벗어나 자유롭게 사는 곳입니다. 때문에 과거의 신분을 과시하는 일은 없길 바랍니다. 법정에서는 법정의 규칙을 따라야 한다는 점을 분명히 말씀드립니다.

이대로 변호사가 증인석으로 가서 잠시 이야기를 나눈 뒤 인현 왕후가 살짝 고개를 끄덕이는 모습이 보였다.

인현 왕후　무슨 말씀인지 잘 알겠습니다. 사실 이곳에 나온 것 자체가 그다지 내게 즐거운 일은 아닙니다. 그러니 내 기분도 조금은 헤아려 주시기 바랍니다.
판사　물론입니다. 이해해 주셔서 감사합니다.
인현 왕후　나는 1667년 민유중의 딸로 태어났습니다. 우리 집안은 엄격한 법도를 중시하는 유서 깊은 곳이었지요. 원경 왕후와 명성 왕후가 나와 같은 집안 출신입니다. 내가 숙종 임금의 계비가 된 것은 1681년(숙종 7), 죽은 인경 왕후의 뒤를 이어서였습니다. 내가 중전으로 간택되기 직전 해에 경신환국이 일어났고, 서인이 정권을 장악했지요. 그들은 왕비 자리를 남인들에게 내주지 않으려고 서인의 핵심 가문 중 하나이던 우리 집안을 선택했습니다. 결국 내가 중전이라는 짐을 떠맡게 되었고요. 그 일만 없었더라면 내 인생도 평탄하게 흘렀겠지요. 그것이 조금 아쉽기도 합니다. 돌아보면 숙종 임금은 나를 존중해 주면서도 여인으로 사랑하지는 않았던 것 같으니까요. 항상 예와 법도를 중시하는 내가 부담스러웠을 수도 있고요. 집안의 교육도 엄했지만 천성도 그랬으니까요. 내 나이가 여섯 살이나 아래였지만 숙종 임금은 항상 나를 조심스럽게 대했어요. 나도 항상 왕비로서의 품격을 생각하며 궁궐 생활에 임했고요.

판사　증인, 잘 알겠습니다. 일단 자기소개는 이 정도에서 마치도록 하지요. 피고 측 변호인 증인 신문하세요.

이대로 변호사　증인께서는 증인을 주인공으로 한 한글 소설『인현 왕후전』에 대해 알고 계십니까?

인현 왕후　그 책은 내가 죽고도 한참 후에 만들어진 것으로 알고 있습니다. 나는 역사공화국에 오고 꽤 지나서야 그 책을 구해서 읽어 볼 수 있었지요.

이대로 변호사　판사님, 잠깐 여기에서『인현 왕후전』의 내용을 간략하게 살펴보았으면 합니다.

판사　인정합니다.


　　인현 왕후가 태어나자 온 집안에 상서로운 기운이 일어난다.

그녀는 주위의 기대 속에 학문과 예의범절을 닦으며 성장한다. 그녀는 숙종의 계비가 되나 불행하게도 후사가 없자, 스스로 궁녀 장씨를 천거하여 대를 잇게 한다. 아들을 낳은 장희빈은 교만 방자해져서 온갖 음해로 인현 왕후를 폐출시키고, 자신은 왕비에 오르며 소생을 세자로 책봉케 한다. 마침내 장희빈이 비열한 인물임을 안 숙종은 인현 왕후 폐출을 뉘우치고 그녀를 복위시킨다. 이후 장희빈은 무수한 저주와 술수로 그녀를 해치고자 밤낮 없이 계책을 꾸몄다. 한편, 6년 동안이나 아무도 원망하지 않음은 물론 죄인을 자처하며 폐서인 생활을 하였던 인현 왕후는 복위 후에도 건강을 회복하지 못하고 숙종의 애달픔 속에 생을 마친다. 이후에 장희빈은 인현 왕후를 모해한 일이 천하에 드러나 사약을 받는다. 숙종이 제문을 지어 인현 왕후의 명복을 빈다.

**이대로 변호사**　　증인, 이 소설의 내용과 본인이 직접 겪었던 일이 비슷한가요?

**인현 왕후**　　소설이고, 다른 사람들이 전해 주는 이야기를 바탕으로 쓴 책이기 때문에 실제와는 조금 차이가 있습니다. 그러나 큰 흐름은 거의 비슷합니다. 어쩌면 내가 기억하지 못했던 것까지 잘 찾아서 정리한 부분도 여러 군데 있었지요.

**이대로 변호사**　　판사님, 증인은 평소 모두가 존경할 만큼 바르게 행동하고 덕을 폈습니다. 때문에 궁궐의 나인들이 증인의 처지를 안타깝게 여기고 이런 소설을 쓸 정도였지요. 이것만 보아도 증인에게 어떠한 죄목도 없음을 알 수 있을 것입니다.

**김딴지 변호사**　판사님, 제가 참지 못해 한 말씀드리겠습니다. 아무리 한 사람의 인생을 미화시키려 해도 이렇게까지 하기는 힘들 것입니다. 지금 우리가 아는 장희빈에 대한 부정적인 인식이 바로 이 『인현 왕후전』에서 시작되었습니다. 증인께 한 가지만 묻겠습니다. 정말로 이 책에 나오는 대로 아들을 낳지 못해 스스로 궁녀 장씨를 천거하였습니까?

이 질문에 인현 왕후의 표정에 처음으로 당황한 기색이 엿보였다. 하지만 곧 결심한 듯이 말을 이었다.

**인현 왕후**　그런 적은 없습니다. 나도 여자이고 젊었으니 내가 낳길 바랐습니다. 하지만 숙종 임금은 내 침소를 거의 찾지 않았어요. 내가 사랑을 받지 못하는 상황이니 어찌할 수 없었지요.

**김딴지 변호사**　이것만 봐도 『인현 왕후전』이 사실과는 전혀 상관없는 내용을 담고 있다는 것을 알 수 있습니다. 증인 인현 왕후와 원고 장희빈에 대해 균형잡힌 시각을 가지려면 양쪽의 자료를 참고해야지요. 유감스럽게도 원고 쪽은 역사적으로 몰락해 버렸기 때문에 이런 문학적 표현이 담긴 글이 남아 있지 않습니다. 인현 왕후 쪽 주장만이 일방적으로 남게 됐지요. 그 결과 인현 왕후는 총명하고 반듯하며 불쌍한 삶을 살다 간 것처럼 그려졌고, 장희빈은 여기에 나

한편, 인현 왕후의 처소에는….

오는 대로 비열하고 악랄한 인물로 묘사되고 있는 것입니다.

**이대로 변호사**　　판사님, 이의 있습니다. 분명히 아까 증인은 『인현왕후전』이 실제와 차이가 있기는 하지만 전체적인 흐름은 대부분 일치한다고 말했습니다. 그런데 피고 측 변호인은 사실과 다른 내용한 가지만 언급한 다음, 전체를 부정하고 있습니다.

**판사**　　인정합니다. 원고 측 변호인 조심해 주세요.

**김딴지 변호사**　　알겠습니다. 신문 중간에 피고 측 변호인이 성미 급하게 끼어든 것뿐입니다. 두 번째로 증인께 묻겠습니다. 장희빈이 정말로 증인을 무수한 저주와 술수로 증인을 해치고자 했습니까?

**인현 왕후**　　내가 직접 본 것은 아니지만 주변에서 그런 이야기를 많이 했습니다. 그리고 평소 희빈의 성품으로 본다면 충분히 그럴수 있을 것이라고 생각했고요.

**김딴지 변호사**　　아니지요, 지금 말씀하신 대로 평소 장희빈의 성품이 표독스러웠다면 증인이 대궐에서 쫓겨나 평민으로 있을 때 자객이라도 보냈겠지요. 그런 일이 있었습니까?

**인현 왕후**　　없었던 것으로 알고 있습니다.

**김딴지 변호사**　　그러면 장희빈이 증인을 해치려 한다는 말은 어디서 들으셨습니까?

**인현 왕후**　　최숙의에게 들었습니다.

**판사**　　최숙의라면 훗날의 최숙빈, 그러니까 영조 임금의 생모 말씀입니까?

**인현 왕후**　　그렇습니다. 처음에는 말도 안 되는 소리라며 물리쳤지만 그럴 가능성도 있겠구나 싶어 조심했을 뿐입니다.

**김딴지 변호사**     사실 증인과 원고 장희빈은 원하지 않았더라도 서로 천적과 같은 관계일 수밖에 없었을 것입니다. 장희빈 때문에 증인은 왕비에서 밀려나 평민으로 살아야 했으니까요. 또 증인 때문에 장희빈이 후궁으로 밀려났고요. 증인의 죽음에 대한 책임을 떠안고, 장희빈은 사약까지 마셨습니다. 지금 생각해도 장희빈에 대한 감정은 좋을 수가 없겠군요?

**이대로 변호사**     판사님, 지금 원고 측 변호인은 자신에게 유리한 변론을 얻기 위해 유도신문을 하고 있습니다.

**판사**     기각합니다. 증인은 원고 측 변호인의 질문에 대답해 주시기 바랍니다.

**인현 왕후**     나는 법률도 모르고 재판도 모릅니다. 하지만 이런 공식적인 자리에서 상대방에 대한 감정까지 시시콜콜 말해야 하는 건가요? 항상 참기만 했지만, 이번 기회에 장희빈에 대한 내 생각을 말해 보는 것도 나쁘지는 않겠지요. 우리는 조선에서도 **철천지원수**였고, 역사공화국에 온 후에 이렇게 재판에서 만날 정도로 개와 원숭이 같은 사이입니다. 나는 그때나 지금이나 장희빈처럼 천한 출신의 사람과 비교된다는 것 자체가 너무도 싫습니다. 명문대가 출신인 내가 어떻게 그런 사람과 같은 반열에서 비교될 수 있단 말입니까? 단지 같은 여성으로서 연민의 정을 가지고 있을 뿐입니다.

**판사**     연민의 정이라고요?

**인현 왕후**     어쨌거나 희빈이나 나는 숙종의 사랑을 놓고 경쟁했

**철천지원수**
하늘에 사무치도록 한이 맺히게 한 원수를 말합니다.

던 관계니까요. 다른 선택이 없었으니 어쩔 수 없지요. 그러나 인생은 사랑이 전부가 아니지 않습니까? 나는 우리 집안의 번영에 기여한 것으로 만족합니다. 나 하나 희생해서 우리 집안뿐만 아니라 서인, 노론 세력까지 번창하지 않았습니까? 나는 그런 대의명분에 따른 것에 자부심을 갖고 있습니다. 이런 나에게 장희빈에 대한 감정을 묻는 것 자체가 무의미하지 않습니까?

**김딴지 변호사**　그러면 실문을 바꾸도록 하지요. 증인은 장희빈의 폐비와 죽음에 영향을 미치셨습니까?

**인현 왕후**　변호사 양반, 듣자하니 못하는 말이 없으시군요. 내가 다시 중전이 되고, 장희빈이 폐비가 된 것은 동시에 일어난 일입니다. 그러니 그것은 전적으로 숙종 임금이 혼자서 내리신 결단이지요. 역사를 조금만 알아도 할 수 없는 말을 어찌 그리 천연덕스럽게 하십니까? 장희빈이 사약을 받은 것도 내가 죽은 후 일어난 일입니다. 내가 왜 끈 떨어진 희빈을 죽이려 했겠습니까? 이미 살아도 산목숨이 아니질 않습니까? 아무리 역사를 모른다고는 하지만 그런 무책임한 질문은 삼가해 주세요.

**김딴지 변호사**　원고 측 증인 신문을 마치겠습니다.

**판사**　피고 측 추가 신문하시겠습니까?

**이대로 변호사**　물론입니다. 증인, 숙종 임금께서는 여러 명의 왕비를 두셨지요?

**인현 왕후**　그렇습니다. 이와 관련되어 한 가지 분명히 말씀드릴 것이 있습니다. 흔히 숙종 임금께서 여색을 밝히셨다고 알려져 있는

데 결코 그렇지 않습니다. 일반적으로 여색을 밝히는 임금의 경우 왕비를 둔 상태에서 후궁을 많이 두는 것이 일반적입니다. 태종 임금이 공식적으로 열한 명의 후궁을 두었고, 세종 임금도 다섯 명의 후궁을 두었습니다. 그리고 성종 임금의 경우 열 명에 가까운 후궁이 있었지요. 중종이나 선조 임금도 마찬가지였습니다. 숙종 임금이 46년 가까이 왕위에 계셨던 것을 생각하면 후궁이 많은 편이 아닙니다. 최숙빈도 원래 후궁이 아니었지요. 전하의 승은을 입어 아들 두 명을 출산하는 바람에 뒤늦게 후궁의 자리에 오른 경우이지요. 연령군을 낳은 명빈 박씨도 비슷하고요. 숙종 임금은 네 명의 왕비를 두었지만, 정식 후궁은 장희빈 혼자였다고 해도 틀린 말이 아닙니다. 게다가 네 명의 왕비 중에도 장희빈이 포함되고요. 인경 왕후가 일찍 죽자 제가 두 번째 왕비가 되었고, 세 번째는 장희빈이었습니다. 네 번째 왕비는 인원 왕후였고요. 그만큼 격식을 중시하고 점잖았던 분이 숙종 임금이십니다.

**이대로 변호사**   숙종 임금이 직접 장희빈의 문제점을 지적하는 이야기는 들으신 적이 없나요.

**인현 왕후**   숙종 임금께서는 장희빈을 본부인으로는 생각하지는 않았습니다. 워낙 미모가 뛰어나고 비위를 잘 맞췄기 때문에 예뻐하셨을 뿐이지요. 좀 더 학식을 갖추고 예의범절에도 능하기를 바라셨을 겁니다. 편하게 지내기에는 좋지만 왕비로서의 격은 떨어진다고 생각하셨던 것이 분명합니다.

**김딴지 변호사**   판사님, 지금 증인은 자신이 바라는 것을 마치 사실인 양 말하고 있습니다.

**판사**　인정합니다.

**인현 왕후**　내 인상이 크게 틀리지 않을 겁니다. 아무리 격식을 차려야 하는 사이라고는 하나, 우리는 부부입니다. 남편이 무슨 생각을 하는지 부인이 모르겠습니까?

**이대로 변호사**　어쨌든 증인께서는 장희빈이 왕비에서 쫓겨나거나 죽임을 당할 때 아무런 영향력을 행사하지 않았다는 말씀이지요?

**인현 왕후**　네, 그렇습니다.

**이대로 변호사**　그렇다면 그런 정치적인 결정은 오로지 숙종 혼자서 내린 것이지요?

**인현 왕후**　그렇습니다. 그러나 숙종 임금께서는 결코 사사로운 감정으로 그런 결단을 내리지는 않았을 겁니다. 늘 자신보다는 나라의 안정을 중요하게 생각했고 백성에 대한 걱정으로 잠을 못 이루시던 분이니까요. 내가 쫓겨났다가 돌아온 것도 그렇고 후궁이던 장희빈이 왕비가 되었다가, 다시 희빈으로 강등된 다음 죽은 것도 마찬가지입니다. 사사로운 감정보다는 나라를 위한 큰 결정을 내리는 과정에서 이루어진 일이라고 생각합니다.

**김딴지 변호사**　증인께서는 지금 중요한 말씀을 하셨습니다. 장희빈이 결정적인 잘못을 해서 왕비에서 쫓겨난 것도 아니고 사약을 받은 것도 아니라는 말씀이군요?

**인현 왕후**　그렇습니다. 개인 문제 때문에 내가 왕비로 복귀하고 장희빈이 후궁으로 내쫓긴 것은 아니라고 봅니다. 어쨌든 장희빈이

　왜 숙종은 장희빈에게 사약을 내렸을까?

사약을 받은 시점은 이미 내가 죽은 뒤입니다. 이 부분은 최숙빈에게 묻는 것이 더 나을 것입니다. 죄송합니다만, 나는 더 이상 증언하고 싶지 않습니다.

# 2 최숙빈이 장희빈을 밀고한 이유는?

김딴지 변호사    판사님, 최숙빈을 증인으로 세우기 전에 이 시기의 문제를 집중적으로 연구해 온 신역사 교수님을 증인으로 신청하고 싶습니다.

판사    현재의 쟁점으로 발언을 한정한다면 허락하겠습니다.

김딴지 변호사    감사합니다. 신역사 교수님, 증인석으로 나와 주시겠습니까?

백발의 노학자가 한 손에 자료를 들고 나타났다. 꼬장꼬장해 보이는 학자의 모습이었다. 그는 선서를 마치고 증인석에 앉았다.

판사    간단하게 자기소개 부탁드립니다.

**신역사**     나는 역사공화국 국립대학에서 조선의 역사를 가르치는 신역사라고 합니다. 역사는 대부분 승자 위주의 기록이지요. 나는 이러한 역사 인식에 의심을 갖고, 균형을 잡으려는 노력을 계속해 왔습니다. 그러다 보니 자연스럽게 장희빈이라는 인물에 주목하게 됐고 그동안 밝혀지지 않은 많은 사실들을 알게 되었습니다.

**김딴지 변호사**     알겠습니다. 그렇다면 이 질문에 자세히 답해 주시기 바랍니다. 원고 장희빈이 인현 왕후를 저주하고, 궁궐 주위에 그것을 비는 물건들을 묻었습니까?

**신역사**     그렇지 않습니다. 그것은 장희빈의 죽음 이후에 날조된 것입니다. 장희빈이 사약을 받고 죽었을 때, 그 이유에 대한 어떤 물증도 확인된 것이 없었습니다. 서인들이 책임 회피를 위해 이런저런 이야기를 만들고 증거도 조작한 것입니다. 이 점은 이미 학계에서도 공인된 사실입니다.

**이대로 변호사**     판사님, 저는 이와 반대되는 기록 하나를 제출하겠습니다. 인현 왕후의 오빠 민진원이 남긴 기록입니다. 여기에는 생전에 인현 왕후가 했던 생생한 증언이 실려 있습니다.


　　세자는 천성이 지극히 효성스러워 아침저녁으로 내 곁을 떠나지 않으며 사모하고 공경함이 생모(장희빈)에게 하는 것보다 낫다. 그가 그의 생모에게 가서 뵐 때에도 반드시 나에게 고하여 혼자서 마음대로 하지 않았으며, 내가 병든 뒤 혹 더욱 위중한 날에는 나한테 감히 '가서 뵙겠습니다'는 말을 하지 못했다. 내가 그

연유를 알고 나서 반드시 가 뵈라고 시킨 후에야 비로소 가 뵈었다. 들건대 그의 생모가 그의 귀에다 대고 비밀리 말했다고 하는데, 그것이 무엇인지 알지는 못하나 세자가 갑자기 묵묵히 대답하지 않았으며 그 때문에 구타당하게 되어 눈물을 흘리면서 돌아왔다고 하니 더욱 사랑스럽고 가엾다.

　상희빈이 세자에게 어떤 행동을 했는지 생생하게 알 수 있는 대목입니다. 원고의 표독스러움이 잘 드러나는 글이지요.

판사　증인, 이 자료에 대해서는 어떻게 생각하십니까?

신역사　인현 왕후의 집안 자료를 역사적인 사실로 생각하기에는 무리가 있습니다.

이대로 변호사　중요한 것은 자료의 신빙성입니다. 이 자료가 거짓이라는 증거가 없지 않습니까?

판사　알겠습니다. 증인과 변호인 이야기 잘 들었습니다. 신역사 증인은 들어가셔도 좋습니다.

김딴지 변호사　아직 장희빈의 저주 여부가 사실인지, 사약을 내리게 된 과정이 어땠는지 전혀 밝혀지지 않았습니다. 판사님, 최숙빈을 증인으로 모시고 싶습니다.

판사　좋습니다.

　최숙빈이 법정에 나타나자 방청객들의 시선이 일제히 쏠렸다. 어쩌면 원고와 피고보다 더 이 재판의 중요한 열쇠를 쥔 인물이 최숙빈이기 때문이었다. 그녀가 선서하는 동안 방청석에서는 아들인 영조가 걱정스러운 표정으로 지켜보고 있었다.

판사　증인은 자기소개 해 주시지요.

최숙빈　나는 숙종의 후궁이자, 영조의 생모인 최숙빈입니다. 여덟 살 때 궁으로 들어가 나보다 세 살 위인 인현 왕후를 모셨지요. 그분이 폐위당하셨을 때, 나도 어려운 시절을 보내야 했습니다. 하지만 그 어려움이 계속되지는 않았습니다. 그로부터 3년 후인 1692년(숙종 18)에는 전하의 승은을 입었고, 이듬해 첫아들 영수를 낳았으니까요.

판사　그 아들이 훗날 영조입니까?

최숙빈　아닙니다. 인현 왕후께서 환궁하시고, 장희빈이 폐위된 1694년(숙종 20) 9월에 얻은 둘째 아들 금이 바로 영조 임금입니다. 금을 낳은 이듬해 나는 숙의에서 귀인이 되었고, 1699년(숙종 25)에는 숙빈으로 책봉되었습니다. 같은 해에 아들인 금도 '연잉군'이라는 칭호를 얻고 정식 왕자로 인정받게 되었지요.

판사　알겠습니다. 원고 측 변호인 증인 신문 시작하세요.

김딴지 변호사　증인은 다양한 자료에서 장희빈의 폐비와 죽음 모두에 관여하고 있는 것으로 나옵니다. 그러므로 증인께서 하시는 말씀은 본 재판에서 매우 중요한 증거로 채택될 것입니다. 반드시 사실만을 말씀해 주시기 바랍니다.

**일촉즉발**

한 번 건드리기만 해도 폭발할 것처럼 위태로운 상태를 말합니다.

순간 최숙빈의 안색이 창백해졌다. 하지만 곧 결심한 듯한 표정으로 입을 열었다.

**최숙빈**      알겠습니다. 그러도록 하겠습니다.

**김딴지 변호사**      갑술환국 당시 서인들은 장희빈과 남인이 증인을 독살하려 한다고 주장했습니다. 남인들은 서인들이 인현 왕후 복위를 준비하고 있다고 맞섰지요. 만일 장희빈이 증인을 독살하려 했다는 주장이 사실이 아닐 경우, 서인들은 몰살 위기에 빠질 수밖에 없었습니다. **일촉즉발**의 순간 숙종은 증인에게 찾아가 진실을 물었지요. 이에 증인은 무엇이라고 대답했습니까?

**최숙빈**      장희빈이 나를 독살하려 한 것이 사실이라고 대답했습니다.

**김딴지 변호사**      ▶그 이후 숙종은 남인을 불신했고 서인들을 불러들이는 환국을 단행했습니다. 그렇지요?

**최숙빈**      그렇습니다.

**김딴지 변호사**      지금이라도 장희빈 쪽에서 증인을 독살하려 했던 증거를 제시해 줄 수 있나요?

**최숙빈**      그것에 대해서는 이제 더 이상 말하고 싶지 않습니다.

**김딴지 변호사**      그러면 다시 한 번 묻겠습니다. 증인이 숙종에게 그런 대답을 한 것은 어려서부터 모셨던 인현 왕후를 위한 것입니까?

**교과서에는**

▶ 17세기 말에 극심한 환국은 결국 서인 정권의 전제화로 결론지어졌습니다. 이에 따라 남인은 크게 위축되었고, 이후 서인이 다시 노론과 소론으로 나뉘어 정치를 주도하였습니다.

**최숙빈**   아닙니다. 하지만 그것에 대해서도 더 드릴 말씀은 없습니다.

**김딴지 변호사**   판사님, 지금 증인은 결정적인 증언을 거부하고 있습니다. 아까 자기소개와 달리 증인의 출신, 입궐 과정 등에 대해서 정확히 확인된 사실이 하나도 없습니다. 한쪽에서는 서울에서 태어났다고 하고 한쪽에서는 전라도 정읍에서 태어났다고 합니다. 입궐 과정에 대해서도 일곱 살 때 혼자 궁궐에 들어왔다는 이야기도 있고, 열 살 때 인현 왕후가 입궐하면서 같이 들어왔다고도 합니다. 대궐에서 한 일도 물을 긷는 무수리였다는 이야기, 바느질하는 침모였다는 이야기 등이 있고요. 무엇 하나 확실한 사실이 없습니다. 그런데 증인은 중요한 순간에, 그것도 두 번이나 결정적인 증언을 함으로써 아들인 연잉군이 왕위에 오르는 길을 열어 줍니다. 이것은 무엇을 뜻할까요? 증인은 그냥 무수리나 궁녀가 아니라 서인의 핵심 세력과 밀접한 관계를 가진 인물이었을 것입니다.

**이대로 변호사**   존경하는 판사님, 지금 원고 측 변호인은 추측만으로 증인을 몰아세우고 있습니다.

**판사**   받아들입니다. 원고 측 변호인은 반드시 논리적인 주장만 해 주시기 바랍니다. 그렇지 않으면 발언을 중단시킬 수 있습니다.

**김딴지 변호사**   알겠습니다. 신문 계속하겠습니다. 증인은 1701년(숙종 27) 숙종에게 장희빈의 음해 때문에 인현 왕후가 죽었다고 말했지요?

**최숙빈**   ······.

판사    증인, 그런 말을 한 적이 있습니까?

최숙빈    있습니다.

김딴지 변호사    정확하게 어떤 내용이었습니까?

최숙빈    특별한 내용은 아니었습니다. 당시 궁궐 사람들은 모두 알고 있는데 전하만이 모르셨기 때문에 굳이 내가 나서게 된 것뿐입니다. 나는 모시던 인현 왕후 마마에 대한 도리를 다하고 싶었습니다. 인현 왕후께서 내궐로 돌아오셨을 때도, 궁녀들은 대부분 장희빈의 편이었습니다. 모두들 마마께서 다시 쫓겨날 것이라고 생각했으니까요. 심지어 마마의 침전까지 드나들고 내부를 살펴보는 일까지 있었습니다. 한번은 마마께서 나를 불러 이렇게 말씀하셨습니다.

"이보게, 아무래도 내가 오래 살기는 힘들 것 같네. 주변에 내 사람이 하나도 없어. 그렇다고 이런 사정을 주상께 전할 수도 없네. 확실한 증거도 없이 이런 말을 했다가 자칫하면 우리 집안과 서인이 어떤 봉변을 당할지 모르니 말이야. 혹시라도 내가 변고를 당하거든 그때라도 반드시 주상께 이런 사정을 말씀드려 주게나."

인현 왕후께서는 얼마 안 가서 정말로 세상을 떠나셨습니다. 이런데도 내가 전하께 그 말씀을 하지 않을 수 있겠습니까? 나처럼 미천한 사람이 정치를 알면 얼마나 알며, 당파를 알면 얼마나 알겠습니까? 그저 사람으로서의 도리를 다하고 싶었을 뿐입니다.

김딴지 변호사    지금 증인은 장희빈이 인현 왕후를 죽음으로 몰아넣었다는 구체적인 증거가 없음을 스스로 고백했습니다. 그저 막연한 의심이 있었을 뿐이고, 그 의심을 사실인 양 숙종에게 전한 것이 바로 증인입니다. 증인의 그러한 경솔한 행위가 결국은 장희빈을 죽음으로 몰아넣은 것입니다. 그 후 증인의 아들인 영조가 왕위에 올

라 50년 넘게 집권함으로써 모든 것이 증인 중심으로 왜곡되었습니다. 그런 점에서 이번 재판은 장희빈 개인의 원통함을 푸는 문제를 넘어 조선 시대 후기 역사를 바로 잡는 출발점이 되리라고 봅니다. 이상입니다.

**이대로 변호사** 판사님, 지금 원고 측 변호인은 과장을 일삼고 있습니다. 증인은 진실한 사람입니다. 본인 말대로 정치의 복잡한 세계는 전혀 알지 못했을 것입니다. 증인이 숙종에게 고했던 내용이 장희빈의 죽음에 결정적인 요인으로 작용한 것은 사실입니다. 하지만 장희빈의 몰락은 오래전부터 시작되었던 것입니다. 그리고 증인이 전한 정황 증거는, 장희빈이 인현 왕후를 병들게 하고 결국은 죽게 할 만큼 힘들게 했다는 점을 보여 줍니다. 다만 더 이상 물증이 없기 때문에 이 점에 대해서 주장을 펼치지는 않겠습니다. 이상입니다.

**판사** 증인과 양측 변호인 수고하셨습니다. 이쯤에서 두 번째 재판을 정리하겠습니다. 오늘은 이번 재판의 핵심 쟁점인 장희빈의 강등과 죽음에 대해 이야기해 보았습니다. 또 이 사건에 직·간접적으로 영향을 미친 인현 왕후와 최숙빈을 증인으로 불러 사건의 세부적인 부분까지 알아볼 수 있었습니다. 세 번째 재판에서는 남은 쟁점들을 처리하고, 결론짓도록 하겠습니다. 오늘은 이만 마치겠습니다.

땅, 땅, 땅!

왜 숙종은 장희빈에게 사약을 내렸을까?

# 『인현 왕후전』이란?

숙종 시대 궁중을 배경으로 인현 왕후가 겪어야 했던 생애를 소설체로 엮은 작품입니다. 지은이는 인현 왕후를 모시고 있던 궁녀 또는 왕후의 친정 후손 박태보 등으로 추정됩니다. 창작 연대는 정조 임금 때로 추정되기도 합니다. 역사적 사실이 차례로 등장하고 있으며, 인현 왕후의 어질고 교훈적인 행적을 부각시키고자 실화의 범위 내에서 쓴 소설입니다. 다른 명칭으로 '인현왕후민씨덕행록' '민중전덕록' '민중전기' 등이 있습니다. 줄거리는 다음과 같습니다.

① 인현 왕후는 학문과 예의범절을 닦으며 바르게 성장합니다. 그녀는 결국 숙종의 계비로 선택되지만 안타깝게도 슬하에 자식이 없습니다. 심성이 고운 인현 왕후는 스스로 궁녀 장씨를 천거하여 숙종으로 하여금 후사를 보게 하였습니다.

② 아들을 낳은 장씨는 오만해져서 자신의 아이를 세자로 책봉하려고 갖은 모략을 꾸밉니다. 인현 왕후는 결국 폐출당하고, 장씨는 세자 책봉의 뜻을 이룹니다. 이후 중전의 자리에까지 오르게 되지요. 한편, 인현 왕후는 서인이 되어서도 아무도 원망도 하지 않았고 스스로 죄인이라고 하며 소박하게 생활하였습니다.

③ 세월이 흐르면서 장희빈의 사악한 마음이 점점 드러나고, 숙종은 어질고 착한 인현 왕후를 내쫓은 잘못을 뉘우치게 됩니다. 인현 왕후는 다시 궁

궐로 돌아와 중전의 자리에 앉습니다.

④ 희빈으로 물러앉게 된 장희빈은 인현 왕후를 해치려고 밤낮없이 계책을 꾸몄지요. 복위 후 인현 왕후는 건강을 되찾지 못했고, 숙종이 슬퍼하는 가운데 생을 마감합니다. 반면 희빈은 인현 왕후를 저주한 일이 드러나면서 사약을 받게 됩니다.

이 소설은 사실을 바탕으로 하였고, 소설적인 구성과 허구적 상상력은 제한적으로만 나타납니다. 이 책은 파란만장한 사건이 흥미롭게 진행되고, 교훈적인 부분이 많아 널리 읽혔습니다. 현대에도 작품에 등장하는 궁중 풍속과 생활 양식 등은 당대의 사회상을 연구하는 데에 빼놓을 수 없는 작품입니다.

**다알지 기자**

　　시청자 여러분 안녕하세요? 역사공화국 법
정 뉴스의 다알지 기자입니다. 오늘 재판에서는
장희빈의 폐비 및 사사에 직·간접적으로 관련된 것
으로 알려진 인현 왕후와 최숙빈이 증인으로 출석해 원고와 피고 양
측의 변호인들로부터 예리한 신문을 받았습니다. 원고 측 변호인은 인
현 왕후에게 실제로 장희빈이 해치려고 했다는 증거가 있는지 집중적
으로 캐물었는데요. 인현 왕후는 직접적인 증거는 없었지만 주변 사람
들, 특히 최숙빈으로부터 그런 말을 들었다고 답했습니다. 하지만 최
숙빈 역시 인현 왕후에게 들은 이야기이고, 전해 달라는 부탁을 받았
다고 답했으니, 과연 진실은 무엇일까요? 지금부터 인현 왕후와 최숙
빈을 만나 오늘 재판에 증인으로 출석했던 소감을 듣도록 하겠습니다.

**인현 왕후**

이미 장희빈 문제는 오랜 시간을 거쳐 검증이 끝난 것 아닙니까? 나는 그 사건과 관련해서 입을 연 적도 없습니다. 『인현 왕후전』이라는 책도 마찬가지입니다. 내 의사와는 관계없이 시간이 지나서 나온 책이 아닙니까? 하지만 조선에 살았을 때 주변 사람들로부터 존경을 받지 않았더라면 누가 그런 책을 썼겠습니까? 이제 와서 무슨 변명을 하라는 겁니까? 내게 있는 아쉬움이라면 희빈에게 총애를 빼앗기지 않았더라면 하는 것이지요. 특히 원자를 생산했더라면 말할 것도 없었을 것입니다. 숙종 임금은 워낙 국가 대사를 중심에 놓고 생각하시는 분이니까요. 하지만 내가 원고를 왕비 자리에서 내쫓은 것도 아니고, 죽게 만든 것은 더더욱 아닙니다.

**최숙빈**

　원치 않게 장희빈의 몰락에 깊이 관계되어 송구스럽습니다. 나는 장희빈을 미워하거나 증오한 적은 없습니다. 다만 내가 모셨던 인현 왕후께 불손하게 굴기에 그것을 막아 보려 최선을 다했을 뿐입니다. 나는 아들이 임금이 되는 것도 보지 못했습니다. 설마 중전이나, 왕의 어머니 자리를 탐내 장희빈을 어려운 궁지로 몰아넣었겠습니까? 그저 마마님을 위하다 보니 숙종 임금의 사랑을 받게 되고, 아들까지 낳은 것뿐입니다. 숙빈으로 봉해진 것도 분에 넘치는 인생이었습니다. 이번 소송은 장희빈과 숙종 임금의 문제입니다. 그것에 대해 내가 말할 수 있는 것도 없고요. 판사님의 너그러운 판단을 기대할 뿐입니다. 그리고 다시는 이런 자리에 나오는 일이 없었으면 좋겠습니다.

# 왕실의 물건

　역관 출신의 딸로 궁에 들어간 장옥정. 뒷날 숙종의 총애를 받아 장희빈이 되었지요. 장희빈이 살던 왕실에는 어떤 물건들이 있었을까요? 왕실의 물건을 살펴보며 궁궐의 삶을 짐작해 볼까요?

### 명안 공주의 태지와 태항아리

명안 공주는 조선 제18대 왕인 현종의 딸로 숙종의 누이동생이기도 하지요. 숙종은 누이동생인 명안 공주를 매우 아껴서 청나라에서 고급 비단이 들어오면 명안 공주에게 가장 먼저 보내 주었고, 공주의 거처를 매우 큰 규모로 지어주었다고 해요. 사진 속 유물은 이렇게 숙종의 사랑을 받은 명안 공주가 태어날 때 같이 나온 탯줄 등을 담은 항아리랍니다. 조선 사람들은 갓난아기의 태(탯줄과 같이 태아를 둘러싸고 있는 여러 조직)를 잘 처리하면 그 사람이 건강하고 좋은 운명을 맞을 수 있다고 믿었어요. 그래서 왕실에서는 태를 담은 태항아리와 출생한 날과 태를 묻은 날을 기록한 태지 등을 좋은 장소에 묻었답니다.

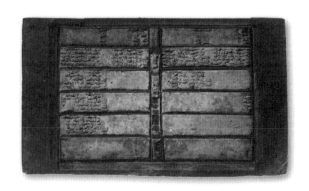

## 조선 왕실 족보 인쇄용 활자판

아버지를 중심으로 혈연관계를 그림식으로 나타낸 것을 족보라고 해요. 왕실의 족보는 국가에서 관리하는 왕의 친인척에 관한 내용을 조사하여 기록한 것이지요. 왕실의 족보는 새로 태어나거나 죽은 왕의 친인척들을 파악하기 위해 3년마다 수정하여 만들어졌어요. 사진 속 유물은 이러한 왕실 족보를 인쇄하기 위한 활자판이랍니다.

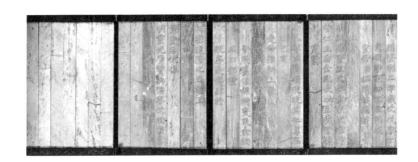

### 옥책

왕이나 왕비의 덕을 기리는 글을 새긴 옥 조각을 엮어서 만든 책을 옥책이라고 해요. 사진 속 유물은 조선의 제27대 왕인 순종이 자손 없이 사망한 철인 왕후에게 황후의 칭호를 올리며 만든 옥책이랍니다. 크기는 가로 71cm에 세로 26cm로, 옥으로 만들어져 있어요.

## 전패

왕의 초상을 대신하는 왕의 상징물을 가리켜 보통 전패라고 불러요. 지방의 관아에 모시고 행사가 있을 때 수령 이하의 관원들이 절을 하기도 하지요. 이렇게 왕을 상징하는 전패도 있지만, 왕실의 안녕을 빌기 위한 패도 전패라고 부른답니다. 사진 속 유물은 왕세자의 만수무강을 비는 전패예요. 나라의 미래와도 큰 관련이 있는 왕세자의 장수를 빌기 위해 사찰에 놓인 전패이지요.

출처 : 국립중앙박물관(www.museum.go.kr)

# 숙종은 장희빈을 죽여야만 했을까?

1. 장희빈이 당파 싸움을 부추겼을까?
2. 숙종, 세자를 보호하다

교과연계

역사
VI. 조선 사회의 변동
　1. 조선 후기 정치 운영의 변화
　(1) 붕당 정치의 전개와 정치 제도의 변화

# 1

## 장희빈이 당파 싸움을
## 부추겼을까?

판사  지금부터 장희빈에 대한 폐비 조치 무효와 명예 회복에 관한 세 번째 재판을 시작하겠습니다. 원고 장희빈이 사약을 받은 결정적인 원인은 인현 왕후를 저주했다는 것입니다. 지난 재판에서는 그 일의 사실 여부에 관해, 원고는 물론 인현 왕후, 최숙빈 등 여러 증인들의 이야기를 들어 보았습니다. 각 증인의 증언을 통해 장희빈이 인현 왕후를 심적으로 괴롭게 한 것은 사실이지만, 저주나 굿에 관해 정확한 물증이 남아 있는 것은 아니며, 조작되었을 가능성도 있다는 사실을 알게 되었지요. 두 번의 재판으로 장희빈 사건에 관련된 대부분의 쟁점이 논의되었습니다. 따라서 오늘 재판에서는 그동안 나왔던 이야기 중에서 중요한 부분들을 정리하고 추가하는 데 주력해 주실 것을 부탁드립니다. 오늘 재판에서는 피고 숙종이 원고 장희빈을 꼭 죽여야만 했는가에 대해 생각해 보도록 하겠습니다. 먼저 원고 측 변호인부터 말씀해 주시기 바랍니다.

**김딴지 변호사**　먼저 원고에게 묻고 싶습니다. 원고는 자신을 지지해 주는 남인들을 위해 서인 탄압에 앞장선 일이 있습니까?

**장희빈**　나는 남인이니 서인이니 하는 당쟁에는 깊이 관여하지 않았어요. 얻고자 했던 것이 있다면 숙종의 애정이겠지요. 다만 내 주변의 세력이 모두 남인이었고, 정권 교체와 관련해서 후궁과 비빈이 결정되는 모양새였기 때문에 완전히 모르는 척할 수는 없었습니다. 그들이 알게 모르게 나를 이용한 경우도 있었고, 남인에게 유리한 부탁을 했던 일도 있었지요. 하지만 시어머님인 명성 왕후나 계비인 인현 왕후처럼 특정 당파의 바람막이 역할을 하며 상대방을 탄압한 적은 없습니다.

**김딴지 변호사**　알겠습니다. 이 내용과 관련해 서인이었지만 원고의 사사를 극구 반대한 약천 남구만을 증인으로 신청합니다.

**판사**　인정합니다. 증인은 앞으로 나와서 선서하고, 자기소개해 주세요.

　증인 남구만이 비장한 표정으로 선서하자, 덩달아 법정의 분위기가 경직되는 것이 느껴졌다.

**남구만**　나는 남구만입니다. 1656년(효종 7)에 문과에 급제해 관리의 길에 들어섰지요. 우리 집안은 대대로 서인이었지만, 당색을 강

**한성부좌윤**
한성부에 속한 정이품 벼슬로
오늘날의 서울시 부시장과 비슷
합니다.

하게 드러내지 않는 편이었습니다. 그래서 숙종 초 남인이 세력을 잡았을 때도 성균관 대사성과 형조 판서를 지낼 수 있었지요. 그러나 남인 정권이 계속되자, 그것도 여의치 않았습니다. 점차 남인들이 서인들을 뿌리째 뽑으려 했기 때문입니다. 1679년(숙종 5)에 한성부좌윤으로 있으면서 남인들의 문제점을 정면으로 지적했다가, 경상도 남해로 유배를 갔습니다. 다행히 이듬해 경신환국이 일어나 관직에 복귀할 수 있었지요.

**판사** 증인께서도 당쟁의 광풍에 휩쓸린 인물 중에 한 명이군요?

**남구만** 그렇지요. 하지만 당시에 관리들은 대부분 비슷한 일을 겪었습니다.

**김딴지 변호사** 증인은 1701년(숙종 7), 남인들이 지지하던 장희빈이 사약을 받을 때 목숨을 내놓고 반대했습니다. 서인인데 어째서 장희빈을 옹호했습니까?

**남구만** 세자의 생모를 죽여서는 안 된다고 보았기 때문입니다. 나라의 미래를 생각한다면 있을 수 없는 일이지요.

**김딴지 변호사** 그 문제로 서인 내에서 내분이 있었지요?

**남구만** ▶그렇습니다. 서인이 소론과 노론으로 분당한 것도 그 논쟁이 한 가지 이유가 되었습니다. 노론은 장희빈이 왕비가 되었을 때 그것을 받아들이지 않으려고 했고, 소론은 임금이 결정한 것이므로 받아들여야 한다는 입장이었지요.

**김딴지 변호사** 그렇다면 증인께서도 원고가 사약을 받

**교과서에는**

▶ 서인은 정책의 수립과 상대 붕당의 탄압 과정에서 노장 세력과 신진 세력 간에 갈등이 깊어지면서 노론과 소론으로 나뉘었습니다. 이후 노론과 소론은 남인과 정국의 주도권을 놓고 대립하였고, 남인이 정계에서 완전히 밀려난 뒤에는 노론과 소론 사이의 대립으로 정국의 반전이 거듭되었습니다.

는 것이 정치적인 이유 때문이라고 생각하셨군요?

**남구만**　물론입니다. 노론이 정권 유지를 위해 한사코 장희빈을 죽여야 한다고 주장했기 때문에, 결국 주상께서 노론의 손을 들어 준 것입니다.

**김딴지 변호사**　그러면 증인의 행동도 정치적으로 어떤 목적이 있었기 때문은 아닌가요?

**남구만**　그렇지 않습니다. 내 행동은 당파의 이익과는 무관했습니다. 나는 개인적으로 서인, 그중에서도 노론이 너무 심하게 상대 당파를 몰아붙였다고 생각합니다. 당론도 중요하지만 국론이 더 중요하지 않겠습니까? 어쨌든 임금이 선택한 중전이었고, 이후에는 세자의 어머니가 아니었습니까?

**김딴지 변호사**　판사님, 증인의 말씀을 통해 기득권 세력이었던 서인이나 노론이 얼마나 임금을 압박하고 다른 세력들을 짓밟았는지 밝혀졌다고 봅니다. 원고는 이러한 당쟁의 희생양이었던 것이지요.

**판사**　피고 측 변호인 증인 신문하시겠습니까?

**이대로 변호사**　네, 감사합니다. 증인이 보실 때 장희빈의 행실에는 문제가 없었나요? 소문에는 장희빈이 늘 인현 왕후의 죽음을 바라고 무당을 불러들여 굿을 했다고 하지 않습니까?

**남구만**　여성으로서 질투나 시기는 있었겠지요. 하지만 그 점은 인현 왕후도 마찬가지입니다. 질투나 시기가 없다면 사람이라고 할 수 없지요. 다만 장희빈은 그것을 쉽게 겉으로 드러냈고 인현 왕후는 잘 숨길 줄 알았지요. 차이라면 그것이지 문제가 될 수준은 아니었습니다. 그랬다면 나도 장희빈의 죽음을 반대하지 않았겠지요. 내가 볼 때 장희빈의 죽음은 정치적인 원인이 훨씬 컸습니다. 이제라도 그분의 한을 풀어 줄 때가 되었다 싶습니다.

**이대로 변호사**　증인께 한 가지만 묻겠습니다. 증인께서는 장희빈을 중전 자리에서 쫓아낸 것도 잘못이라고 보십니까?

**남구만**　그 일이 일어날 때 나는 강릉에 유배되어 있었습니다. 그러니 사건을 직접 본 것은 아니지요. 다만 인현 왕후가 폐비가 된 것이 정치적인 이유 때문이었던 것처럼, 장희빈도 같은 이유일 것이라고 생각합니다. 물론 그 부분은 온전히 숙종 임금께서 책임져야 할 문제이지 신하인 내가 뭐라 말할 수 있는 성질의 일은 아닙니다.

**판사**　증인 수고하셨습니다.

**이대로 변호사**　이 문제와 관련해 『사씨남정기』를 쓴 김만중을 증인으로 신청합니다.


판사가 인정하자 방청석에 있던 김만중이 선서하고 증인석에 가서 앉았다.


**판사**　증인은 자기소개부터 해 주세요. 그러고 보니 증인께서는 『구운몽』을 쓰신 바로 그분이 아니신가요?

**김만중**　허허, 국문학과 역사적인 상식이 풍부하신 판사님이시군요. 나는 광산 김씨, 김장생의 후손 김만중입니다. 우리 집안은 서인 중의 서인이라 불렸지요. 나는 1637년에 태어났고 1665년(현종 6)에 과거에 장원 급제해 암행어사를 지냈습니다. 현종 말 자의 대비의 상복 문제로 예송 논쟁을 벌일 때 앞장섰다가 관직에서 쫓겨났고요. 돌아보면 내 성격이 조금 직선적이고 과격했지요. 나는 사실 관직보다는 작가가 적성에 맞았나 봅니다. ▶판사님이 말씀하신 한글 소설 『구운몽』이 내 작품입니다. 이 재판에서는 『사씨남정기』가 더 중요하게 다뤄지겠지만 말이지요. 나는 1689년 남인들의 탄핵을 받고 남해로 유배되어 병을 얻어 죽었지요.

**이대로 변호사**  유배를 가게 된 이유와 배경을 장희빈의 문제와 연결해서 좀 더 자세하게 말씀해 주시겠습니까?

**김만중**  좋습니다. 1680년 경신환국으로 우리 서인이 권력을 잡았습니다. 하지만 숙종은 왕권 강화를 목적으로 하고 있었습니다. 언제 또 남인들을 복권시킬지 알 수 없는 일이었지요. 서인인 우리는 그것은 받아들일 수 없었습니다. 서인이 인조를 추대해 반정을 일으키지 않았더라면, 숙종은 그저 왕실의 먼 친척에 불과했을 것입니다. 그런데 우리를 토사구팽하려 하다니요?

**이대로 변호사**  실제로도 그런 일이 일어났지요?

**김만중**  그렇습니다. 1687년(숙종 13) 5월 1일, 숙종 임금은 김수항과 이단하에게 우의정에 누구를 기용하면 좋을지 물었습니다. 당시 김수항은 영의정, 이단하는 좌의정이었고 이들은 모두 서인입니다. 송시열의 제자이기도 하지요. 그들은 당연히 서인 중에서 몇 명을 추천했습니

**교과서에는**

▶ 한글 소설은 누구나 쉽게 읽을 수 있었기 때문에 영향력이 대단히 컸습니다. 조선 후기 한글 소설의 주인공은 영웅이 아닌 평범한 인물인 경우가 많았고 대부분 현실적인 세계가 배경이 되었습니다.

혜민서

조선 시대 의약과 일반 서민의
치료를 맡았던 관청입니다.

다. 하지만 숙종은 모두 거부했지요. 다른 뜻이 있었던 겁니다.

**이대로 변호사**　다른 뜻이라니요?

**김만중**　얼마 후 우의정에 이조 판서로 있던 조사석을 쓰겠다고 말했으니까요. 조사석이 누구입니까? 장희빈의 어머니가 바로 그의 첩입니다. 장희빈이 움직인 것이 분명했지요. 그것도 버젓이 서인 세상에서 말입니다.

**김딴지 변호사**　판사님, 장희빈의 어머니가 조사석의 첩이었다는 것은 소문일 뿐입니다. 또 장희빈이 움직였다는 것도 단순히 증인의 추측일 뿐 아닙니까? 두려움 때문에 넘겨짚은 것은 아닐까요?

**판사**　인정합니다. 증인, 답변해 주세요.

**김만중**　그런 부분이 있을지도 모릅니다. 하지만 우리로서는 두려울 수밖에 없었습니다. 조사석은 자의 대비와 장희빈이라는 왕실의 두 여인과 관계가 있는 남인의 실력자입니다. 그런 자를 우의정에 앉히겠다니 다시 남인들의 세상이 올 것이 뻔하지 않습니까?

**이대로 변호사**　그래서 어떤 행동을 취하셨습니까?

**김만중**　결국 같은 해 5월 21일 서인 중의 한 명인 민진주가 숙종 임금에게 상소를 올렸습니다. 그는 숙종의 장인인 민유중의 조카였지요. 그런데 숙종은 즉각 민진주를 파직시켰습니다.

**이대로 변호사**　숙종 임금의 뜻이 그만큼 굳건했군요?

**김만중**　그렇습니다. 6월 2일 이런 상황이 또 벌어졌습니다. 원래는 혜민서라는 기관을 책임지는 제조에 민유중이 예정되어 있었습

니다. 그런데 숙종은 그를 물리고, 왕실 인사인 동평군 이
항을 임명했지요. 사실 왕실의 친인척은 이런 자리를 맡을
수 없었습니다. 게다가 동평군 이항은 남인으로 장희빈의
오빠 장희재와 같이 어울리던 인물이었습니다. 숙종이 남인 세력에
힘을 실어 주기 위해 무리수를 둔 것이지요.

**경연**
임금과 신하가 함께 책을 읽고,
정치를 토론하는 것입니다.

**판사**     서인과 숙종 임금의 긴장 관계가 점점 높아졌군요?

**김만중**     그렇습니다. 서인들도 가만히 있지 않았습니다. 결국 내가
9월 11일 경연 자리에서 임금께 정면으로 말했지요. 여인에게 휘둘
려 국정의 방향을 잃어서는 안 된다고요. 죽기를 각오하고 한 말이
었습니다.

**판사**     그때 일로 평안도 선천으로 유배를 가게 됐군요?

**김만중**     그렇습니다. 유배지에서도 숙종의 흐려진 마음을 돌리려
고『사씨남정기』를 썼지요. 중국 이야기에 빗대 숙종과 장희빈을 비
판한 내용이었습니다. 장희빈은 임금의 눈과 귀를 홀려서 자기 주변
사람들의 이익을 챙기는 전형적인 요부였습니다. 결국 기사환국으
로 남인들 세상이 되지 않았습니까? 지금 생각해도 분통이 터질 뿐
입니다.

**판사**     증인의 기억력이 비상합니다.

**김만중**     판사님도 억울한 일을 당해 보십시오. 장희빈은 지금 생
각해도 온몸이 떨릴 정도로 요사스럽고 간특한 여성입니다.

**김딴지 변호사**     판사님, 증인은 원고를 인신공격하고 있습니다. 즉
각 중단시켜 주시기 바랍니다.

판사     알겠습니다. 증인은 발언의 품위를 지켜 주세요.

**김딴지 변호사**     서인들은 하나같이 장희빈 때문에 남인들이 다시 집권하게 됐다고 주장합니다. 하지만 장희빈이 남인의 수장은 아니지 않습니까?

판사     증인, 남인과 장희빈이 직접적으로 일을 모의하는 것을 보았습니까?

**김만중**     모든 일을 눈으로 직접 보아야 알 수 있는 것은 아닙니다. 장희빈이 바람막이를 하고 장희재가 행동 대장을 하면서 남인들은 힘을 키워 갔습니다. 장희빈 없는 남인은 바람 앞의 등불과도 같은 미미한 존재들이었어요.

**김딴지 변호사**     제 질문의 요지는 그게 아닙니다. 숙종은 서인의 집권을 유지시키려고 했는데, 장희빈이 중간에서 숙종의 마음을 바꾼 것입니까? 숙종이 이미 그런 생각을 하고 있는 것을 눈치채고서, 일의 진행만 도운 것일 수도 있지 않습니까?

**김만중**     그거야 후자가 맞겠지요. 하지만…….

**김딴지 변호사**     그렇지요? 남인이 집권한 것은 숙종의 결단 때문이지, 원고의 요사스러운 행동 때문이 아닙니다. 장희빈이 아들을 낳은 것은 왕실의 큰 경사입니다. 그런데 서인들은 이때도 자신들이 권력만 걱정했지요. 화를 자초한 것은 서인들 자신입니다. 장희빈이 아들을 낳은 것을 국가의 경사로 여겨 진심으로 축하했다면 어땠겠습니까? 숙종이 세자를 걱정해 남인 쪽으로 기울어졌겠습니까? 아니지요. 숙종이 당파까지 바꿔야겠다는 생각은 하지 않았을 것입니

다. 원고가 사사건건 남인의 바람막이가 되고, 뒤에서 모든 것을 움직이는 실세였다는 식의 주장은 그만하시기 바랍니다.

**이대로 변호사**　　상당히 자신만만해하시는군요. 하지만 장희빈이 정쟁에 관여한 물증이 없다는 것이지, 관여하지 않았다는 말은 아닙니다. 오히려 원고의 억울함을 입증하고 싶다면 원고 측 변호인이 물증을 제시해야 하는 것 아닙니까?

**김딴지 변호사**　　이건 또 무슨 궤변입니까? 아무것도 하지 않았는데

　왜 숙종은 장희빈에게 사약을 내렸을까?

무슨 물증이 있겠습니까? 무슨 일을 했어야 물증이라는 것도 있는 것이지요. 논리에서 밀리니까 희한한 소리를 다 하는군요.

**이대로 변호사** 　　김딴지 변호사!

**판사** 　　양측에 경고합니다. 재판의 품위를 지켜 주세요.

**이대로 변호사** 　　판사님, 증인 김만중의 말에서 알 수 있듯이 장희빈과 관련된 정황 증거는 너무나도 많습니다. 그 시절에 녹음기가 있던 것도 아니고 비밀 모의를 했다면 어떻게 그 내용을 다 알겠습니까? 그래서 정황 증거가 중요한 것입니다. 어쨌든 여러 상황을 보았을 때 장희빈이 개입해 정국을 이끌었을 가능성이 충분합니다. 이상입니다.

**김딴지 변호사** 　　판사님, 지금 피고 측 변호인은 원고가 정권 교체, 즉 환국의 배후 조종자인 것처럼 이야기하고 있습니다. 하지만 앞서 피고 숙종은 환국이 자신의 의지였다고 분명히 밝혔습니다. 남인 세력을 정국에 끌어들인 것은 세자를 위해이고, 다시 서인들을 불러들인 것은 남인에게 능력이 없다는 판단 때문이었습니다. 이 문제에 대해서는 다시 피고의 이야기를 들어 보고 싶습니다.

# 2

## 숙종,
## 세자를 보호하다

**김딴지 변호사**    피고, 기사환국 때 원고가 남인들의 방패막이가 되어 서인들의 몰락을 주도한 것이 사실입니까?

**숙종**    정권 교체는 전적으로 나의 결정이었습니다. 임금이 결정하면, 왕비는 그에 따르는 것이지요.

**김딴지 변호사**    그렇다면 장희빈이 서인 정권을 몰락시키거나, 남인 세력을 등용시킬 의도가 없었다는 말씀이시지요?

**숙종**    글쎄요. 각자 자신이 유리한 쪽으로 움직이는 것이야 **인지상정** 아니겠습니까? ▶다만, 환국을 일으킬 때 내 뜻은 늘 한 가지였습니다. 서로 섞여서 조화롭게 나라를 이끄는 것이지요. 서인 정권이라도 남인들이 참여하고, 남인 정권이라도 서인들이 참여하는 방식으로 말입니다. 그런데 그자들은 내 뜻은 멀리하고 오로지 자기들 패

거리를 심는 데만 혈안이 되었더군요. 특히 서인들의 행동은 오만방자하기 이를 데 없었습니다.

**김딴지 변호사**　어떤 행동이 특히 그러했습니까?

**숙종**　그들이 세자의 외할머니에게 무슨 짓을 했는지 아십니까? 분수에 맞지 않는 가마를 탔다면서, 빼앗아 불태웠습니다. 사대부 부인이 타는 지붕 있는 가마를 타고 왔다는 것이 이유였지요. 왕자의 외할머니에게 서슴지 않고 이런 일을 벌이는 자들이 당시의 서인이었습니다. 나는 이대로는 안 되겠다고 생각했습니다. 그들이 세자에게는 또 무슨 짓을 할지 모르니까요. 그래서 기사환국을 일으켜 남인 정권을 세운 것입니다.

**김딴지 변호사**　세자를 보호하기 위해서였단 말씀인가요?

**숙종**　그렇습니다. 인현 왕후를 폐위하고 희빈을 중전으로 삼은 것도 같은 이유입니다. 희빈을 위한 것이 아니라 세자를 위해서였습니다.

**김딴지 변호사**　그러면 원고를 중전에서 강등시킨 것은 어떤 이유입니까?

**숙종**　희빈이 중전이 되자, 장희재가 임금이 된 양 행동했습니다. 남인들의 무능도 또 다시 문제가 되었고요. 그대로 두면 정국은 엉망이 되고, 세자는 외삼촌인 장희재의 손에 휘둘릴 것이 분명했지요. 나로서는 고민하지 않을 수 없었습니다. 어떻게 해야 세자와 왕실을 안전하게 보호할 수 있을지 말입니다. 그 무렵 최숙빈도 아들을 낳

**인지상정**
사람이라면 누구나 그러한 마음을 가지고 있다는 뜻입니다.

**교과서에는**

▶ 붕당 정치가 변질되면서 정치 집단 간의 세력 균형이 무너지고 왕권 자체도 불안하게 되었습니다. 이에 강력한 왕권을 토대로 국왕이 정치의 중심에 서서 세력의 균형을 유지하려는 탕평론이 제기되었습니다.

았으니, 나로서는 새로운 선택의 가능성이 열리고 있었지요.

**김딴지 변호사**　가능성이라고요?

**숙종**　꼭 장희빈의 아들만 세자로 세우라는 법은 없으니까요. 차선의 선택이 가능해졌다는 말씀입니다. 마침 장희재의 횡포와 불법 행위에 대한 보고가 이어졌고, 확인해 보니 대부분 사실로 드러났습니다. 나는 태종 임금께서 양녕 대군이나 세종의 미래를 위해 외삼촌 네 명을 죽인 상황을 떠올렸습니다. 하지만 장희재에게 손을 내는 순간 남인도 무너질 것이 분명했지요. 결국 고심 끝에 남인을 몰아내고 서인을 들이는 초강경책을 택하게 되었습니다. 그것이 갑술환국입니다. 더 이상 남인에 대해서는 미련이 없었습니다. 두 차례의 집권을 통해 본 남인의 실력이 너무나도 보잘것없었기 때문입니다. 결국 아쉽더라도 능력을 갖춘 서인과 손을 잡아야 나라의 모양새가 유지되겠다는 판단을 했던 것입니다.

**김딴지 변호사**　그래서 세자를 보호하겠다는 명목으로 남인을 등용했다가, 이제 쓸모가 없어지니까 금방 다시 피고를 다시 희빈으로 강등시키기로 하셨다는 말입니까?

김딴지 변호사의 말에 숙종의 표정이 잠깐 험악하게 변했다.

**숙종**　쉽게 말씀하시는군요. 인현 왕후를 폐서인시킬 때처럼 국가와 왕실을 위한 이유였습니다. 하지만 나는 여전히 장희빈을 아꼈기 때문에 희빈이라는 직책을 유지하게 한 것입니다. 세자의 어머니이기도 했고요. 희빈의 불행은 본인의 책임이라기보다는 그녀를 뒷받침할 남인 세력이 완전히 몰락한 데 있었다고 볼 수 있습니다.

**이대로 변호사** 판사님, 피고는 이미 개인적인 선호가 아니라, 국가의 안정을 위해서 인현 왕후와 장희빈을 폐출시키거나 강등시킨 것이라고 여러 번 말했습니다. 피고가 같은 질문에 대한 대답을 또다시 해야 합니까?

**판사** 원고 측 변호인 조심해 주세요.

**김딴지 변호사** 알겠습니다. 판사님. 하지만 피고의 행동은 허울은 좋습니다만, 그저 달면 삼키고 쓰면 뱉는 가벼운 것으로 보입니다.

**숙종** 그것은 전적으로 나라와 세자의 장래를 위해 내린 결단입니다. 임금이라는 자리에 앉아 보지 않으면 결코 이해할 수 없을 겁니다. 내가 손에 피 묻히는 게 싫어서 그냥 내버려 뒀다고 가정해 볼까요? 내가 죽고 난 후에 소수파 남인과 장씨 오누이가 국정을 좌우하겠지요. 소수파인 그들이 서인들의 반격을 막아 낼 수 있을까요? 결국 장희재와 장희빈은 말할 것도 없고 세자까지 죽게 될 것입니다. 임금의 자리에 있는 사람은 아직 닥쳐오지 않은 일의 결과도 예측하고 준비해야 합니다. 아마도 남인이 다수 세력이고 유능했다면 내가 그런 선택은 하지 않았을 것입니다. 장희재 한 명만 함경도나 제주도로 유배 보내고 끝냈겠지요.

**김딴지 변호사** 당시 상황에 맞춰 자신의 입장을 변호하는 것 아닙니까?

**숙종** 변명이 아닙니다. 그 후에 내가 보여 준 정치 노선을 보면 쉽게 납득할 수 있을 것입니다. 나는 이후 서인 중에서도 노론보다는 소론과 함께 국정을 운영했습니다. 남구만이나 최석정이 그런 사람이지요. 소론은 서인이기는 해도 국왕에 대한 충성심이 상당했습니다. 그런 자들이라면 내가 부탁할 경우 세자를 맡길 만하다고 보았지요.

**김딴지 변호사**　군이 장희빈을 폐위하고, 7년 만에 죽여야 했던 이유는 무엇입니까? 그것도 세자를 위해서였다고 말씀하시겠습니까?

**숙종**　그때 상황은 조금 복잡했습니다. 실은 장희빈이 사약을 받았던 1701년(숙종 27) 8월에 인현 왕후가 서른다섯 살의 나이로 세상을 떠났습니다. 정비가 두 명이나 먼저 세상을 떠난 것입니다. 그다지 많은 정을 주었던 사람은 아니지만 누가 뭐래도 정실 왕비입니다. 당연히 희빈이 나를 위로하고 마음의 고통을 함께 나눠 주길 바랐지요. 그런데 희빈은 그리하지 않았습니다.

**김딴지 변호사**　왕비에서 희빈으로 강등시켜 놓고, 위로까지 바라셨습니까?

**숙종**　물론 희빈으로서는 서운했을 것입니다. 이해합니다. 하지만 나는 임금으로서 해야 할 일을 하였습니다. 희빈은 서운한 점이 있더라도 세자의 어머니로서 자신의 도리를 했어야지요. 그때 내 심정은 제주도로 유배가 있던 장희재에게 사형을 내리라는 비망기에 솔직히 적혀 있습니다.

　　대행왕비(인현 왕후)가 병에 걸린 2년 동안에 희빈 장씨는 비단

한 번도 기거(병문안)하지 아니하였을 뿐만 아니라, '중궁전'이라고 하지도 않고 반드시 '민씨'라고 일컬었으며, 또 말하기를, "민씨는 실로 요사스러운 사람이다."라고 하였다. 이뿐만이 아니다. 취선당의 서쪽에다 몰래 신당을 설치하고, 매양 2, 3인의 비복들과 더불어 사람들을 물리치고 기도하되, 지극히 빈틈없이 일을 꾸몄다. 이것을 참을 수가 있다면 무엇인들 참지 못하겠는가? 제주에 유배시킨 죄인 징희재를 먼지 처형하여 빨리 나라의 형벌을 바로잡도록 하라.

**판사**　신당 설치와 기도 문제는 최숙빈이 밀고해서 알게 되신 겁니까?

**숙종**　아닙니다. 조선 임금의 정보력을 모르시는군요. 어쭙잖은 자들이 최숙빈을 모함하거나 미화하려고 그런 이야기를 만들어 냈던 것 같은데, 나는 이미 사실을 알고 있었습니다. 그 사건에 대해 판단하고 결정한 것도 나였다는 것을 이 자리에서 분명히 해 둡니다.

**이대로 변호사**　그 이야기를 들으니 십 년 묵은 체증이 다 내려가는 듯합니다. 그러니까 증인이 볼 때 장희빈은 이미 왕실 사람으로서의 체통을 잃었다는 말씀이지요? 그래서 장희빈에게 사약을 내리기로 결심한 것이고요?

**숙종**　그렇습니다. 나는 장희빈이 마음을 누그러뜨려 주기를 간절히 바랐습니다. 평안하고 넓은 마음을 갖는다면 세자의 앞날에도 화를 부르지는 않을 것으로 보았기 때문입니다. 하지만 장희빈의 성질은 시간이 지날수록 더 거칠어져만 갔습니다. 어떤 때는 나에게 입에 담지 못할 소리까지 하면서 저주를 퍼부었습니다. 이런 생모는 살아 있어도 오히려 세자를 위태롭게 할 것이라는 게 당시 나의 생각이었습니다.

**김딴지 변호사**　판사님, 솔직히 오빠가 죽었는데 가만히 있을 사람이 누가 있겠습니까? 게다가 피고는 남구만을 비롯한 소론의 반대가 심했는데도, 독단적으로 장희빈의 사사를 결정하였습니다.

**판사**　피고는 이에 대해 어떻게 생각하십니까?

**숙종**　궁극적으로 나라와 종묘사직의 장래를 가장 절실하게 고심하는 사람은 임금입니다. 내 문제이고, 내 핏줄의 문제이니까요. 나는 다시 그런 상황이 온다 해도 결국 장희빈을 희생시킬 수밖에 없을 것 같습니다. 희빈이 성질을 잠재우지 않는다면 말입니다. 9월 25일 장희빈을 사사하라는 밀명을 내릴 때도 분명히 말했습니다. 세자를 위해서라도 어쩔 수 없다고요. 그때서야 왜 성종께서 신하들의 반대를 물리치고 폐비 윤씨에게 사약을 내리셨는지 조금 이해가 되었습니다.

**판사**　생모를 죽일 경우, 세자가 연산군처럼 될 것이라는 우려는 없었습니까?

**숙종**　남구만이나 최석정이 반대할 때 내세운 논리도 그것이었습니다. 당시 영의정이던 최석정이 올린 글 중에 이런 내용이 있어요.

지금 희빈이 설령 용서하기 어려운 죄가 있다고 할지라도, 춘궁을 낳아서 기른 은혜를 생각한다면, 춘궁이 걱정하고 마음 상할 것을 염려하여 조금 너그럽게 용서하여 주시어, 그 죄상을 끝까지 캐내어 세상에 그대로 드러나게 하는 지경에는 이르지 않게 하소서. 그러나 좌우의 불령한 무리들은 율에 의하여 대벽(사형)에 처하되 왕법을 옛날 양승 등의 일과 같이 시행하여 춘궁(세자)을 편안하게 한다면, 아마 금일의 변고에 대처하는 도리에 어긋나지 아니하리라고 생각합니다. 생각건대, 우리 선하께서 우리 춘궁을 얻어서 임금의 중임을 맡길 수 있게 되었습니다. 우리 춘궁께서도 아름다운 자질을 타고 나시어 명호가 일찍부터 정해졌고, 바야흐로 어린 나이에 곤전(인현 왕후)께서 취하여 아들로 삼으시어 어머니의 깊은 자애와 아들의 돈독한 효성이 자기 친자식보다 더한 감이 있었습니다. 이러한 아름다운 소문이 날로 퍼져 나가자 사방에서 귀를 세우고 들었으니, 이것은 곧 종묘 신령이 보호하고 도와주신 것이며, 실로 전하의 하늘과 같은 큰 복입니다.

충심을 담아 쓴 글임을 알 수 있습니다. 그러나 최석정의 충정이 아무리 깊다 해도 아비인 나만큼 세자의 장래를 고민했던 사람이 누가 있겠습니까? 만일 그 순간에 약해지면 결국 세자까지 죽게 만들 것이 뻔했지요. 그래서 피를 토하는 고통을 감수하면서 희빈에게 사약을 내리도록 한 것입니다. 희빈을 생각하면 나도 가슴이 답답하고 눈물이 납니다. 역사공화국에 와서는 일부러 만나지 않고 피해

왜 숙종은 장희빈에게 사약을 내렸을까?

왔지요.

**판사**　하지만 피고는 다시 그런 상황이 온다면 원고에게 사약을 내릴 수밖에 없다고 말하지 않았습니까?

**숙종**　그 말씀 잘하셨습니다. 임금은 처음부터 끝까지 공인입니다. 공과 사를 분별하라고 말하지만 임금이란 자리는 사적인 영역이 없는 것입니다. 모든 것이 공적인 일입니다. 심지어 화장실에서도 궁녀들이 쳐다보던 것이 임금입니다. 공적인 도리로 보자면 나는 또 희빈에게 사약을 내리겠지요. 하지만 임금도 사람이 아닙니까? 인간의 기본적인 정은 가지고 있습니다. 가까운 신하가 잘못하여 사형시키거나 멀리 유배를 보내도 마음이 찢어질 듯 아픈데 내 평생 가장 사랑했던 여인을 죽이고 아무렇지도 않다면 그건 사람이 아니지요. 그런 이야기를 하는 것입니다. 이런 자리를 겪고 보니 희빈에게 그동안의 미안함을 다 털어놓고 빌고 싶은 심정입니다. 자, 이제 여러분들의 궁금증이 어느 정도 풀렸습니까? 오랫동안 가슴에 담아 두었던 이야기를 다 털어놓으니 속은 후련한데 피곤이 몰려오는군요. 더 이상 물어보실 게 없으면 여기서 그만했으면 합니다. 이제 쉬고 싶습니다.

　숙종의 고백에 법정의 분위기는 숙연해졌고, 원고 장희빈의 눈에는 눈물이 고였다. 판사가 정적을 깨고 말을 시작했다.

**판사**　그러면 마지막 재판을 마치겠습니다. 피고 숙종의 이야기를 통해 사건의 정황을 더 자세히 알 수 있었습니다. 또 원고 장희빈이 어떻게 해서 중전이 되었다가 다시 후궁으로 강등되었는지, 이어 7년 후에 사약을 마시고 죽음에 이르게 되었는지 등을 알아보았습니다. 남구만과 김만중도 증인으로 출석해 서로의 입장을 충분히 털어놓았다고 봅니다. 판결을 내리기 전, 마지막으로 원고와 피고의 최후 진술을 듣도록 하겠습니다.

# 김만중의 『사씨남정기』

17세기 후반 김만중에 의해 창작된 아내와 첩의 갈등을 다룬 소설입니다. 국문, 한문, 국한문혼용으로 된 필사본, 목판본, 구활자본 등 많은 이본이 전하고 있습니다. 치밀한 구성과 적절한 심리 묘사를 보이면서도 현실 문제를 사실적이고, 극적으로 작품 속에 담았습니다. 또한 유학적인 교훈을 담고 있고, 작품 세계가 현실적이며, 보편적인 가치에 일치되는 결말로 인하여 사대부들로부터도 긍정적 평가를 받았습니다. 또 이 소설은 일부다처제 가정에서 처첩 간의 갈등을 다루고 있어, 문학사적으로도 주목받고 있습니다. 교씨와 동청 등 악인들의 활약과 욕망, 일방적으로 고난을 당하는 정실부인, 시비들의 역할 등이 후대 가정 소설의 모델이 되었기 때문입니다.

- 유한림 = 숙종
- 사씨 = 인현 왕후
- 교씨 = 장희빈
- 엄숭, 동청 = 남인

① 중국 명나라 때 유현의 아들은 15살의 나이로 장원급제하고 한림학사가 됩니다. 그 후 덕과 학식을 겸한 사씨와 혼인하였습니다. 혼인한 지 9년이 되어도 아이가 없자, 사씨는 직접 남편에게 권하여 후실을 맞아들이게 했지요.

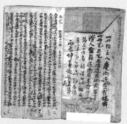

『사씨남정기』

② 후실인 교씨는 간악하고 시기가 많은 사람이었습니다. 그녀는 아들 장주를 낳았는데, 뒤이어 사씨도 아들을 낳았습니다. 교씨는 동청, 냉진 등과 짜고 사씨에게 누명을 씌워 쫓아냅니다. 한림은 이후에 교씨를 정실로 삼습니다.

③ 교씨는 동청과 함께 천자에게 유한림을 참소하여 유배시킵니다. 혐의가 풀려 석방된 한림은 사씨를 정실로 삼고 교씨를 잡아 처형한 뒤, 사씨와 더불어 화목하게 삽니다.

『사씨남정기』 속의 등장인물과 사건 구성은 숙종 때 장희빈, 인현 왕후의 사건과 매우 흡사합니다. 따라서 일찍부터 김만중이 장희빈으로 돌아선 숙종의 마음을 되돌리기 위해 지었다는 주장이 있었습니다. 이러한 지적 때문에 목적 소설의 하나로 불리기도 하지요.

왜 숙종은 장희빈에게 사약을 내렸을까?

**다알지 기자**

　　시청자 여러분 안녕하세요? 역사공화국
법정 뉴스의 다알지 기자입니다. 드디어 셋째
날 재판이 끝났습니다. 전문가들 사이에서는 장희
빈이 왜 이번 소송을 냈는지 궁금하게 생각하는 사람도 나올 정도였는
데요, 피고가 원고에게 상당한 공격을 받을 것이라는 예상이 깨졌기 때
문입니다. 장희빈과 숙종은 서로에 대해 조심하는 태도를 끝까지 유지
하였습니다. 한편 남구만, 김만중처럼 당시 장희빈의 죽음에 관련된 여
러 증인들의 등장도 관심을 모았습니다. 서인이지만 장희빈의 사사를
반대했던 남구만, 『사씨남정기』라는 책까지 썼을 만큼 장희빈의 악행
을 굳게 믿었던 김만중, 오늘은 그 두 사람을 만나 이야기를 들어 보도
록 하겠습니다.

**남구만**

이제 그 일이 일어난 지 3백 년이 넘는 세월이 흘렀습니다. 장희빈에게도 제자리를 찾아 줄 때가 되었다고 봅니다. 조선 시대, 당쟁이 가장 극심했던 때 피해를 당한 한 여성의 억울함을 풀어 주는 일이 그렇게도 어렵습니까? 장희빈은 숙종 임금의 사랑을 가장 많이 받은 여인이었고, 경종 임금의 생모이기도 합니다. 그런데도 얼마 전 서오릉에 갔더니 인현 왕후의 묘는 숙종 곁에 있는데, 장희빈의 묘는 여전히 한쪽 구석에 있더군요. 다 지난 일이 아닙니까? 이렇게 따지느라 시간 낭비할 것이 아니라 서둘러 장희빈을 복위시켜야 합니다.

왜 숙종은 장희빈에게 사약을 내렸을까?

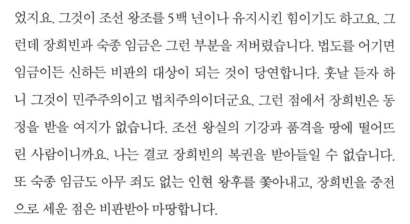

**김만중**

　예나 지금이나 사람이 살아가는 일에는
법도라는 것이 있습니다. 우리 서인들은 명분
과 법도를 임금보다 더 소중하다고 믿는 사람들이
었지요. 그것이 조선 왕조를 5백 년이나 유지시킨 힘이기도 하고요. 그
런데 장희빈과 숙종 임금은 그런 부분을 저버렸습니다. 법도를 어기면
임금이든 신하든 비판의 대상이 되는 것이 당연합니다. 훗날 듣자 하
니 그것이 민주주의이고 법치주의이더군요. 그런 점에서 장희빈은 동
정을 받을 여지가 없습니다. 조선 왕실의 기강과 품격을 땅에 떨어뜨
린 사람이니까요. 나는 결코 장희빈의 복권을 받아들일 수 없습니다.
또 숙종 임금도 아무 죄도 없는 인현 왕후를 쫓아내고, 장희빈을 중전
으로 세운 점은 비판받아 마땅합니다.

당쟁에 휩쓸린 운명이
억울하고 원통합니다!

VS

세자를 위해 장희빈에게
사약을 내렸습니다!

**판사**     그러면 마지막으로 원고와 피고의 최후 진술을 들어 보도록 하겠습니다. 판사인 저를 비롯한 배심원단이 최종 결정을 내리는데 중요한 영향을 끼는 진술이니 신중하게 발언해 주시기 바랍니다. 먼저 원고가 말씀하시고 이어 피고가 진술해 주시기 바랍니다.

**장희빈**     이번 소송을 제기하기 전까지 나의 마음에는 숙종 임금에 대한 원망이 가득했습니다. 어찌 그렇지 않았겠습니까? 나는 경종의 생모이고, 중전의 자리에까지 올랐습니다. 그런데 서인들의 모함에 빠져 다시 희빈으로 강등되었을 뿐만 아니라, 결국 사약까지 받고 죽고 말았지요. 도대체 내가 뭘 그렇게 잘못했습니까? 나는 정치에 대해 많이 알지 못했습니다. 그저 숙종 임금을 사랑하였기 때문에 가까이 있고 싶고, 마음에 들고 싶어 이런저런 행동을 했을 뿐입니다. 그런데 지금까지도 요부니 악녀니, 나라를 망쳤느니, 자식을 망쳤느니 하는 소문에 시달립니다. 또 인현 왕후와 비교되며 덕이 없고, 자기 욕심만 채우는 나쁜 여자의 표본이 되었지요. 억울할 때 억울함을 표현한 것이 잘못입니까? 중전의 자리에서 다시 희빈으로 강등되어도 체통이니 뭐니 지키면서 웃고 있어야 한단 말입니까? 이런 억울함이 쌓여, 무엇도 나의 원망을 풀어 줄 수 있을 것 같지는 않았습니다. 그래서 이 소송을 제기하게 된 것이고요. 그래도 재판 할 때 숙종 임금께서 솔직하게 모든 것을 말씀해 주셔서 원망과 분 노가 많이 사라졌습니다. 역시 전하는 내가 사랑한 그 사람이 맞구 나, 내가 생각한 것처럼 멋진 남자였구나 하는 안도감도 들었고요. 그 때문에 오히려 소송한 것이 괜한 일이 아닌지 걱정도 생겼습니 다. 이제 재판 결과에는 연연하지 않겠습니다. 여러분들께서도 나를 악녀로만 믿지 마시고 그저 어리석게, 얼빠지게 사랑했던 한 여인이 정치판에서 이리저리 흔들리다가 비극적인 죽음을 맞은 것으로 생 각해 주십시오. 그러면 내 명예도 조금은 지켜지겠지요.

**숙종**　　희빈의 마음이 풀렸다니 죽고 나서도 내려놓지 못했던 짐을 이제야 내려놓은 느낌입니다. 이승의 아귀다툼을 끝내고 역사공화 국에서는 평화롭게 살기를 빕니다. 나는 솔직히 지난 인생 원 없이 살았습니다. 최고의 권력을 누렸고 자유롭게 사랑도 했지요. 날 때 부터 원자였고 세자였으며 아무 탈 없이 임금의 자리에 올랐습니다. 조선의 임금 대부분이 어릴 때는 임금이 될 가능성이 없다가, 정쟁 이 일어나 얼떨결에 임금에 오르곤 했지요. 하지만 나는 그들과 달

리 임금으로서의 자부심이 충만했습니다. 정통성도 완벽했지요. 신하들의 도전에 맞서, 왕권을 강화하기 위해 어느 한쪽에도 힘을 실어 주지 않았습니다. 돌이켜 보면 내가 임금으로 있던 시절 정권은 끊임없이 바뀌었습니다. 사람들이 환국 정치라며 비난했을 정도니까요. 남인에서 서인으로, 서인에서 남인으로, 그리고 다시 서인으로 정권을 옮겼지요. 또 서인이 노론과 소론으로 분화되자 처음에는 소론을, 말년에는 노론을 중용했습니다. 임금이 나라의 주인이라는 확고한 의지가 없이는 불가능한 일이지요. 어쩌면 그래서 당파를 지지할 때도, 여자를 선택할 때도 너무 내 본위로만 했는지도 모릅니다. 그러나 역시 사랑만큼 영원한 것은 없습니다. 나는 이곳에 와서도 장희빈을 잊어 본 적이 한 번도 없습니다. 단지 내가 그 사람에게 지은 죄가 하도 커서 찾아볼 엄두를 내지 못했습니다. 진정 나의 용서를 받아들인다면 조만간 만나서 오랫동안 나누지 못했던 정을 나누고 싶을 뿐입니다. 재판과 관련해서는 배심원들의 관대한 결정을 바랍니다. 이상입니다.

판사 　지금까지 세 차례에 걸친 재판과 최후 진술을 마칩니다. 원고와 피고, 관련 증인들과 변호인 모두 수고하셨습니다. 이번 재판에 함께해 주신 배심원의 평결서는 4주 후 재판부에 전달될 예정입니다. 배심원의 평결문을 참고하여 판결을 내린 뒤, 판결문을 공개토록 하겠습니다. 그때까지 여러분도 이번 사건의 내용과 의미를 골고루 살핀 다음, 각자 판결을 내려 보시기 바랍니다.


땅, 땅, 땅!

## 역사공화국 한국사법정 재판 번호 36 장희빈 vs 숙종

---
### 주문
---

역사공화국 한국사법정은 장희빈이 숙종을 상대로 낸 '손해배상과 공식적인 사과 및 폐비 조치에 대한 무효화 청구'를 기각한다.

---
### 판결 이유
---

이번 재판 과정에서 재판부가 깊이 염두에 두었던 것은 장희빈의 성품이 정말 악질적이었느냐에 있었다. 만일 그렇지 않았다면 기존의 통념이나 평가를 새로운 시각에서 볼 수 있다고 판단했기 때문이다. 재판부는 세 차례에 걸친 재판을 통해 원고 장희빈에 대해 너무도 쉽게 악녀나 요부로 매도해 온 기존의 통념과는 다른 주장을 다수 접할 수 있었다. 장희빈의 성품은 조금 악착같았던 것으로 보이지만 그것만으로 장희빈을 악녀나 요부로 매도할 수는 없다고 본다.

하지만 이런 근거만으로 장희빈에 대한 폐비 조치를 무효화하기에는 당시의 정치 상황이 너무도 복잡했다. 이미 인현 왕후도 폐비를 당한 바 있지만 무효화 소송을 제기하지 않았다. 그것은 당시의 정치 현실을 인정한 때문으로 보인다. 왕권과 신권이 정면으로 충돌하는 상황에서 나라를 위해 왕권 강화를 시도했던 숙종의 노력이 잘못된 것이 아니라면 그 과정에서 발생한 두 차례의 폐비 또한 일종의 정치 행위이다.

명예 훼손의 경우 원고의 주장이 타당하지만, 그 원인을 숙종이 제공했다고 보기는 어렵다. 오히려 그 일은 서인, 노론 등이 주도했고, 그 후 후손들이 그런 흐름을 이어 영화도 만들고 드라마도 만드는 과정에서 이루어진 것이기 때문이다. 만일 명예 훼손에 대한 사과와 보상을 바란다면 그것은 별도의 소송을 통해 서인이나 노론을 향해 문제를 삼을 일이지 숙종을 대상으로 할 수 있는 소송은 아니라고 본다.

이번 재판에서 숙종은 자신이 과거에 한 행동을 무조건 옹호하지 않고 장희빈에게 진심으로 사과했다. 따라서 장희빈으로서는 이번 소송을 제기한 목적이 충분히 달성되었다고 본다.

이에 장희빈은 역사공화국에서라도 숙종과 좋은 관계를 유지하며 행복하게 살아가기를 권한다.


역사공화국 한국사법정 담당 판사 정역사

# "희빈 마마께서 여기서라도
# 행복하시길 바란다네!"

소송 이야기를 처음 꺼냈던 남구만이 이현일의 집을 찾아가 물었다.

"그래, 희빈 마마님은 뭐라고 하시던가?"

"조금 전에 마마님을 뵙고 오는 길이야. 표정이 밝으시더군."

두 명의 선비는 마주 앉아 흐뭇한 미소를 지었다. 하지만 곧 남구만이 한숨을 쉬며 말했다.

"폐비 조치가 무효가 되지 않은 것이 정말 아쉽다네."

하지만 이현일의 생각은 달랐다.

"여보게, 우리 남인이야 누가 뭐래도 역사에서 패자아닌가? 역사에서 패했으면 할 말이 없는 걸세. 나는 처음부터 폐비 무효화는 기대하지도 않았다네. 다만 주상 전하와 희빈 마마께서 여기서라도 행

복하게 지내기를 바란 걸세."

그 말을 듣고 곰곰이 생각하던 남구만이 밝은 표정으로 말했다.

"그렇군. 재판 과정에서 이미 두 분은 화해하지 않았는가? 그것만으로 마마의 한이 절반은 풀렸을 걸세."

이현일은 오히려 숙종의 근황이 궁금했다.

"전하께서는 이번 재판 이후 어떠시던가?"

"어제 잠시 뵈었는데 홀가분한 표정이시더군. 늘 가슴 한구석에 돌이 들어 있는 것처럼 묵직했는데, 이번 재판을 계기로 그 돌을 덜어 낸 것 같으시다는 거야."

남구만의 대답에 이현일은 고개를 끄덕였다.

"왜 아니시겠는가? 자신도 평생 한이 되셨을 걸세."

"그렇지. 그런데도 자신의 마음보다 나라를 우선한 결정을 내리셨으니!"

"지금 대한민국에서는 영조와 정조는 알아줘도 숙종 임금에 대한 이야기는 늘 여자 문제만 다루니 걱정일세."

"학자들이 역사를 제대로 공부하지 않아서 그런 것은 아닐까? 허허."

두 사람은 오랜만에 조선에서 살던 때의 이야기로 즐거운 시간을 보냈다. 술자리가 끝나갈 때쯤 이현일이 남구만에게 물었다.

"송시열은 가끔 보나?"

"자주는 못 본다네. 왜 보고 싶은가?"

"오랜만에 화해 분위기가 조성됐는데 결국은 그 사람하고도 화해

해야 하지 않겠나?"

"그래, 다음에는 내가 그런 자리를 마련하도록 해 보지."

이현일의 집에서는 두 친구의 웃음소리가 쉴 새 없이 터져 나왔다.

# 장희빈의 아들인 경종의 태실

옛날 사람들은 자손을 출산하면 탯줄을 귀하게 여겨 그 탯줄을 함부로 버리지 않고 보관하였습니다. 특히 왕세자나 왕세손 등 다음 왕이 될 사람의 태는 석실을 만들어 보관하였지요. 그래서 태실이라 불렀답니다.

충청북도 충주에 가면 조선의 제20대 왕인 경종의 태실을 볼 수 있습니다. 조선의 제19대 왕인 숙종은 장희빈에게서 아들을 얻게 되는데, 이 아들이 바로 조선의 제20대 왕인 경종입니다. 경종은 태어나면서부터 많은 당쟁에 휩쓸렸습니다. 태어난 지 두 달 만에 서인들의 반대를 무릅쓰고 원자로 봉해졌고, 3살 때는 왕세자로 책봉되었지요. 하지만 경종은 열네 살에 친모인 장희빈이 사약을 받아 죽는 일을 겪게 되고 경종 역시 37살의 나이로 세상을 뜨게 됩니다. 안타깝게도 경종은 평생 자식을 두지 못했지요.

경종이 일찍 죽자 뒤를 이어 왕이 된 영조는 선왕인 경종의 태실을 웅장하게 꾸미고 태실비를 세웠지요. 하지만 이후 1831년에는 태실이 도굴되기도 하고, 1928년 일제 강점기 하에서는 관리와 유지가 어렵다는 이유로 당시 창경원이던 창덕궁 안으로 옮겨지기도 했지요. 이렇게 수난을 겪던 경종의 태실이 지금은 원래 있던 자리에 복원되어 충청북도 유형문화재 제6호로 지정되어 보호받고 있습니다.

　태는 왕실은 물론 일반 민가에서도 귀하게 여겨 보관하기도 했지요. 그래서 태항아리 안에 넣어 둡니다. 특히 왕세자였던 정종의 태실은 8각의 낮은 받침돌 위로 둥근 돌방을 올리고 8각 기둥돌을 얹은 모습을 이루고 있습니다. 경종이 왕위에 오르자 그 옆에 태실비를 세우고, 영조 때 태실 주위에 8각형 돌난간을 두르고 비석을 세웠다고 전해집니다.

　경종의 태실은 충청북도 충주시 엄정면 괴동리 태봉의 나지막한 정상부에 자리 잡고 있지요.

**찾아가기**　충청북도 충주시 엄정면 괴동리

경종의 태실

경종의 태실비

『역사공화국 한국사법정 36 왜 숙종은 장희빈에게 사약을 내렸을
까?』와 관련한 논술 문제를 풀어 봅시다.

※ 다음 제시문을 읽고 물음에 답하시오.

명나라의 유한림은 급제 후 덕과 지를 겸
비한 사씨와 결혼합니다. 하지만 결혼한 지
10년이 지나도 슬하에 자녀가 없어 사씨는
남편에게 새로 여자를 얻기를 권합니다. 유한
림은 마지못해 교씨를 맞아들이지요. 그런데
교씨는 천성이 간악하고 질투와 시기심이 강
한 여자로 아들을 낳자 유한림의 사랑을 독
차지합니다.

사씨남정기

사씨가 득남을 하자, 교씨의 질투는 더욱 심해져 자신이 정실이
되려고 마음을 먹습니다. 그래서 유한림에게 거짓으로 이간질을 해
사씨를 쫓아내고 결국에는 유한림까지 귀양을 보냅니다. 이후 교씨
와 주위 일당은 온갖 악행을 일삼지요.

한편 유배를 당한 유한림은 비로소 교씨에게 속은 줄 알고 죄를
뉘우칩니다. 그리고 고향에 돌아와서는 사씨의 행방을 찾지요. 사씨
와 다시 만난 유한림은 간악한 교씨를 처형합니다.

1. 윗글은 김만중이 쓴 〈사씨남정기〉의 내용입니다. 이 글은 김만중이 유배 중에 쓴 소설로, 인현 왕후를 퇴출시키고 장희빈을 왕비로 책봉한 것을 풍자한 작품이라고 전해지지요. 다음과 같은 김만중의 출신을 생각할 때 장희빈의 입장에서 이 글을 비판하여 쓰시오.

> 김만중
> 조선 시대의 학자로, 정치적으로는 전형적인 서인에 속했습니다. 때문에 서인이 정치에서 밀리면 관직을 삭탈 당했고, 서인이 정권을 잡으면 등용되었지요.

----------
----------
----------
----------
----------
----------
----------
----------
----------
----------
----------
----------

※ 다음 제시문을 읽고 물음에 답하시오.

(가)

| 정 1품 | 빈 | 종 1품 | 귀인 |
|--------|------|--------|------|
| 정 2품 | 소의 | 종 2품 | 숙의 |
| 정 3품 | 소용 | 종 3품 | 숙용 |
| 정 4품 | 소원 | 종 4품 | 숙원 |

(나) 조선 시대 후궁을 선발하는 방법은 '간택'과 '승은'이 있었습니다. 간택은 궁 외부에서 양반 출신 여인을 선발해 입궁시키는 방식으로, 왕에게 후사가 없거나 후손이 빈약할 때의 방법이었지요. 그리고 승은은 궁녀 출신으로 왕의 선택을 받아 후궁의 후보가 되는 것을 말합니다. 왕손을 잉태하거나 왕의 사랑을 지속적으로 받게 되면 후궁의 반열에 오르게 되지요.

2. (가)는 조선 시대 후궁의 품계에 관한 내용이고, (나)는 조선 시대 후궁을 선발하는 방법에 관한 내용입니다. 이렇게 후궁에 대한 엄격한 품계나 선발 방법이 있었던 이유에 대해 쓰시오.

-------------------------------------------------------------

-------------------------------------------------------------

-------------------------------------------------------------

-------------------------------------------------------------

-------------------------------------------------------------

왜 숙종은 장희빈에게 사약을 내렸을까?

**해답 1** 〈사씨남정기〉는 서인이었던 김만중이 쓴 소설입니다. 따라서 남인이었던 저를 곱게 보지 않고, 같은 서인이었던 인현 왕후를 불쌍하게 여겼지요. '팔을 안으로 굽는다'는 말처럼 말입니다. 그래서 유한림을 숙종, 사씨를 인현 왕후, 교씨를 저로 빗대어 소설을 썼습니다. 이 소설에서 교씨는 정말 극악무도한 사람입니다. 사씨를 쫓아낸 것으로도 부족해 유한림을 귀양 보내고, 온갖 나쁜 짓을 하지요. 하지만 저는 그러지 않았습니다. 물론 오해 받을 만한 일들이 있긴 했지만, 이 소설로 인해 많은 사람들이 저와 교씨를 똑같이 생각하는 것 같은데 이건 정말 억울한 일이지요.

**해답 2** 조선 시대의 왕조는 왕의 아들이 그 다음 왕이 되는 방식으로 이어졌습니다. 물론 그렇지 않은 경우가 있긴 했지만 이럴 경우에 많은 어려움과 혼란스러움이 있었기 때문에 왕의 아들이 왕이 되는 방식이 가장 자연스러웠지요. 그렇기 때문에 왕은, 왕실은 다음을 이을 아들을 낳는 것을 아주 중요하게 여겼습니다. 그래서 왕후가 아들을 못 낳을 경우에는 후궁을 통해서라도 아들을 낳길 원했지요. 그러다보니 조선 시대 후궁에 대한 품계가 엄격하게 정해져 있었고, 후궁을 선발하는 방법도 정해져 있었던 것입니다.

\* 해답은 예시로 제시된 내용입니다.

**ㄱ**

갑술환국 25, 33, 62, 86

갑인예송 61

경신환국 24, 33, 61, 104

기사환국 24, 33, 61, 109, 114

**ㄴ**

남인 18, 32, 43, 61, 103, 132

노론 33, 62, 106, 132

**ㅂ**

비망기 42, 53, 118

**ㅅ**

사씨남정기 106, 125

서인(西人) 24, 32, 61, 83, 103

서인(庶人) 33, 44, 60, 73, 91, 116

소론 33, 62, 104, 118

수렴청정 50

**ㅇ**

옥산부 대빈 58

인조반정 37

인현 왕후 24, 42, 68, 91, 102, 115

**ㅊ**

추존 58

**ㅍ**

폐비 31, 45, 58, 78, 93, 106

**ㅎ**

후궁 32, 43, 58, 77, 85, 103

역사공화국 한국사법정 36

# 왜 숙종은 장희빈에게 사약을 내렸을까?

© 이한우, 2011

초  판 1쇄 발행  2011년 8월 16일
개정판 1쇄 발행  2015년 1월 10일
개정판 5쇄 발행  2022년 1월 12일

지은이    이한우
그린이    안희숙
펴낸이    정은영

펴낸곳    (주)자음과모음
출판등록  2001년 11월 28일 제2001-000259호
주소      10881 경기도 파주시 회동길 325-20
전화      편집부 (02) 324-2347  경영지원부 (02) 325-6047
팩스      편집부 (02) 324-2348  경영지원부 (02) 2648-1311
이메일    jamoteen@jamobook.com

ISBN  978-89-544-2336-6 (44910)

• 이 책은 저작권법에 따라 보호받는 저작물이므로 무단 전재와 무단 복제를 금하며,
  이 책 내용의 전부 또는 일부를 이용하려면 반드시 저작권자와 (주)자음과모음의 서면 동의를 받아야 합니다.
  허가를 받지 못한 일부 사진에 대해서는 저작권자가 확인되는 대로 게재 허락을 받고 사용료를 지불하겠습니다.
• 책값은 뒤표지에 있습니다.
• 잘못된 책은 교환해드립니다.

# 과학공화국 법정시리즈 (전 50권)

## 생활 속에서 배우는 기상천외한 수학·과학 교과서!
## 수학과 과학을 법정에 세워 '원리'를 밝혀낸다!

이 책은 과학공화국에서 일어나는 사건들과 사건을 다루는 법정 공판을 통해 청소년들에게 과학의 재미에 흠뻑 빠져들게 할 수 있는 기회를 제공한다. 우리 생활 속에서 일어날 만한 우스꽝스럽고도 호기심을 자극하는 사건들을 통하여 청소년들이 자연스럽게 과학의 원리를 깨달으면서 동시에 학습에 대한 흥미를 가질 수 있도록 구성하였다.

| | | | |
|---|---|---|---|
| 물리법정 1 | 물리의 기초 | 지구법정 1 | 지구과학의 기초 |
| 물리법정 2 | 물리와 생활 | 지구법정 2 | 천문 |
| 물리법정 3 | 빛과 전기 | 지구법정 3 | 날씨 |
| 물리법정 4 | 소리와 파동 | 지구법정 4 | 지표의 변화 |
| 물리법정 5 | 여러 가지 힘 | 지구법정 5 | 지질시대 |
| 물리법정 6 | 운동의 법칙 | 지구법정 6 | 남극과 북극 |
| 물리법정 7 | 일과 에너지 | 지구법정 7 | 화석과 공룡 |
| 물리법정 8 | 유체의 법칙 | 지구법정 8 | 별과 우주 |
| 물리법정 9 | 현대물리학과 양자론 | 지구법정 9 | 바다 이야기 |
| 물리법정 10 | 상대성 이론 | 지구법정 10 | 이상기후 |

| | | | |
|---|---|---|---|
| 화학법정 1 | 화학의 기초 | 수학법정 1 | 수학의 기초 |
| 화학법정 2 | 물질의 구성 | 수학법정 2 | 수와 연산 |
| 화학법정 3 | 물질의 성질 | 수학법정 3 | 도형 |
| 화학법정 4 | 화학반응 | 수학법정 4 | 비와 비율 |
| 화학법정 5 | 화학과 생활 | 수학법정 5 | 확률과 통계 |
| 화학법정 6 | 신기한 금속 | 수학법정 6 | 여러 가지 방정식 |
| 화학법정 7 | 여러가지 화합물 | 수학법정 7 | 여러가지 부등식 |
| 화학법정 8 | 물질의 변화 | 수학법정 8 | 여러가지 수열 |
| 화학법정 9 | 음식과 화학 | 수학법정 9 | 수학퍼즐 |
| 화학법정 10 | 우리 주변의 화학 | 수학법정 10 | 수학의 논리 |

| | |
|---|---|
| 생물법정 1 | 생물의 기초 |
| 생물법정 2 | 동물 |
| 생물법정 3 | 곤충 |
| 생물법정 4 | 인체 |
| 생물법정 5 | 식물 |
| 생물법정 6 | 자극과 반응 |
| 생물법정 7 | 유전과 진화 |
| 생물법정 8 | 신기한 생물 |
| 생물법정 9 | 해양생물 |
| 생물법정 10 | 미생물과 생명과학 |